さあ、本屋をはじめよう

町の書店の新しい可能性

監修：和氣正幸

ele-king books

デザイン　戸塚泰雄

写真（表紙、P5-17, 22, 26, 27, 29, 32, 35, 37, 80, 81, 147, 148, 151-153, 162, 163, 185-187）小原泰広

まえがき

僕が本屋を始めたわけ

和氣正幸

可能性が好きだ。何かをイチから始めるとき。あるいはその萌芽。そういったものに高揚を感じる。そして本屋は可能性の塊である。訪れた人にとって知らないこと、もっと知りたいことが詰まったものが本である。本屋はそんな本がたくさん並んでいる場所なのだ。さらに本は何とでも繋がれる。本が発明されて千年以上。本に書かれていないことを探すほうが大変だろう。ということは、本は何とでも組み合わせられるということでもある。珈琲の本と珈琲豆を隣に置くこともできるし、バッタの本の著者を呼んで話を聞くこともできる。つまり本があればどんな人とも繋がれる。果てしない可能性があるということだ。だから、本屋は何でもできる。極論かもしれないが少なくとも筆者はそう思っている。

二〇一八年にBOOKSHOP TRAVELLERを始めた理由は縁やタイミングからだったが、そもそも二〇一〇年にいまの活動を始めた理由は本屋になりたかったからだった。そして本屋になりたかった理由は、考えてみると可能性が好きだからだ。本屋になればなんでもできる。そう思ったからだ。開かれるのを待っている無数の本に囲まれて、これから会えるかもしれない数多の人々を待つ。こんなに幸せな仕事はほかにないと思ったからだ。

本書に登場する一八店の本屋も可能性に満ちている。各々がそれぞれの考えで始めた本屋ゆえに現れ方こそ違うが、独自の偏りを持った可能性がそこにはある。本書を読んでどうぞ一店一店の可能性を感じ取ってほしい。

本
BOOK SHOP TRAVELLER

至福の温泉ベスト30
何度でも訪れたい！
最高の温泉
個人的
温泉
LUCY IS HERE
わたしの
ロールモデルに出会う

地名の謎と歴史
名字と家紋
50歳からの仏教入門

paper cutting art
bookmarker
BOOKS MANUKE
ブックス マヌーク
illustrator isshinbow
紙とゆびさき

個人出版フェア
古事記 超入門

QUE SERA SERA

俳句ミーツ短歌
シン・短歌入門
短歌の時間
東直子
穂村弘
青の国、うたの国 俵万智
女人短歌

アメリカン・マスターピース 古典篇
長年愛読してきた、最高の作家たちによる
最高の作品を揃えました──柴田元幸
フィリップ・K・ディックの研究読本
P・K・ディック
ものまね鳥書店
PATTI SMITH COMPLETE パティ・スミス完全版
ウィリアム・ギブスン
アビイ・ロード
ザ・ビートルズ最後の伝説
釜石ラグビー栄光の日々
上岡伸雄
この風にトライ
上岡伸雄
英語力は英訳本で磨く
上岡伸雄
名演説で学ぶアメリカの歴史
上岡伸雄
ポストモダン都市ニューヨーク
伊藤章
ローリング・ストーンズ
悪魔を憐れむ歌
カウガール・ブルース
トム・ロビンズ
港湾ニュース
E・アニー・プルー
P・K・ディックの最後の聖訓
ラスト・テスタメント
神秘体験を語るP・K・ディック
最終兵器の夢
原爆投下を決断した
トルーマンは、若き日に
何を愛読していたか？
THE BACKS 背中
旅はワン連れ
絶縁
妻喰い男
プラータナー
天国の風

12
Book SHOP TRIPS
今日の人生3
いつもの場所で
16万部!
人生には、何もしなくていい時がある。

るきさん
高野文子

居心地の1丁目1番地
夢の巷
絵はすぐに上手くならない

BOOK
SHOP
TRAVELLER
TRANSIT

BOOKSHOP
TRAVELLER
12:00~19:00：木~月
定休日　火・水

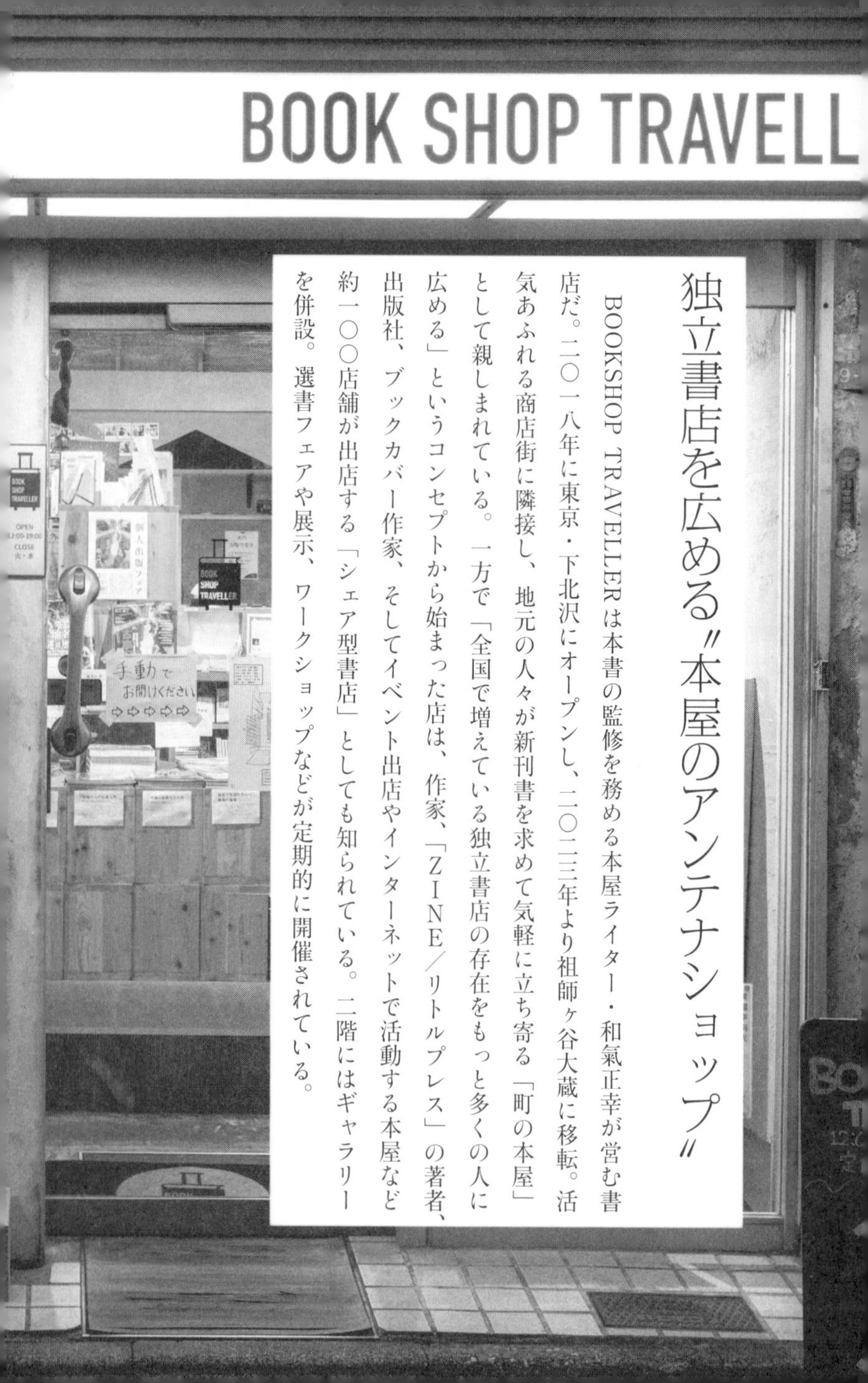

独立書店を広める〝本屋のアンテナショップ〟

BOOKSHOP TRAVELLERは本書の監修を務める本屋ライター・和氣正幸が営む書店だ。二〇一八年に東京・下北沢にオープンし、二〇二三年より祖師ヶ谷大蔵に移転。活気あふれる商店街に隣接し、地元の人々が新刊書を求めて気軽に立ち寄る「町の本屋」として親しまれている。一方で「全国で増えている独立書店の存在をもっと多くの人に広める」というコンセプトから始まった店は、作家、「ＺＩＮＥ／リトルプレス」の著者、出版社、ブックカバー作家、そしてイベント出店やインターネットで活動する本屋など約一〇〇店舗が出店する「シェア型書店」としても知られている。二階にはギャラリーを併設。選書フェアや展示、ワークショップなどが定期的に開催されている。

店舗情報

BOOKSHOP TRAVELLER

〒157-0072
東京都世田谷区祖師谷1-9-14
https://traveller.bookshop-lover.com

[営業時間] 12〜19時
[定休日] 火・水

X: @Bst_BSL
Instagram: @bookshop_traveller

狭さにこそ価値がある

〜本のある空間における狭さの効能〜

和氣正幸

近頃は雑誌の本屋特集などで取材していただくことも多く、本屋、あるいは本のある場所についてお話しする機会をよくいただく。

それは筆者が現状だと日本で一番独立書店のことについて詳しいという評価をありがたいことにいただいているからだと思うのだが、よく切り口として聞かれることのひとつが「ネット通販もある中、リアルな場所で本を売る魅力とはなにか？」といったものだ。何度もお話しする中で今のところもっとも妥当だと感じる答えが本稿のテーマでもある「狭さ」だった。

インターネットはその性質からして、原理的にほぼ無限の量を抱え込むことができる。対して、物理的な空間はどうしたって有限だ。どんな広い物件を手に入れたとしても限界がある。

つまり、原理的にインターネットと量の勝負をしても負けることが分かっているわけだ。

では逆にインターネットの弱いところはどこだろうか。むしろこの無限の量にこそあるとは思えないだろうか。

Windows95が出てから二九年。インターネットとスマートフォンの普及によって、私達の身の回りで情報が爆発的に増えた。検索すれば大抵のことに〝とりあえずの答え〟は返ってくる。検索して出てこなくてもSNSで助けを求めてもいいし、今では生成型AIなどもある。

だが、人間が注意を向けることができるものには限りがある。だからこそアテンション・エコノミーという言葉が生まれるわけだ。たとえインターネットに無限の情報があったとしても、その情報を受け取ることができる人間の注意資源は有限で、そうである以上、情報を活用できないのであればそれは余分なものになってしまうのである。

その量が整理しきれないほどある場合は利用に堪えず、整理の手法に問題があれば害悪にすらなりえる。SEO対策や各種手法によってフェイクニュースが検索順位の上位にあがってくるのが現状なのだ。

さらにフィルター・バブルという言葉があるように、SNSの普及とインターネット技術の進化によって「知りたいことしか知れない」「自分が好む意見しか目に届かない」といった状況も起こっている。

事ここに至って人が人のために〝選んだ／選ばざるを得ない〟空間の有限性がインターネットに対する優位性として働くと思うのだ。

本のある場所は、公共図書館であれば予算内で選書委員会が、私設図書館であれば館長が、大・中型書店であれば本部あるいは書店員が、独立書店であれば店主が、責任を持って並べる本を選んでいる。

運営者の意志に関わらず限られた空間に何を置くかという判断をしなければいけなくなるわけだ。そして空間が狭ければ狭いほど、本を選ぶ度合いは強くなる。

結果として、その本のある空間には運営者ならではの本が並ぶことになる。例えばそこが旅の本の専門店だとして、ある人にとっては関係のない的外れな本が置かれているかもしれないし、ある人にとっては「なぜこの本がないんだ」と疑問に思うこともあるだろう。

しかし、その違いこそ、自分のフィルターを打ち破るための契機になりうると思うのだ。有り体に言えば「インターネットにはない本との出会い」とでもなるだろうか。実際、筆者でも未だに見たことのない本（既刊）に会うことはざらにあるわけで、そこからあたらしく知ることのできた知識もたくさんある。

本屋で言えばジャンルに縛られない棚の並びを見て、知らない本と出会うことがあるだろう。図書館であれば検索した本を取りに行って、その本のすぐ近くで思いもよらなかった本と出会えるかもしれない。

ただ知識を深めるだけ、情報を得るだけだったら、今後インターネットとそれにまつわる技術でほとんどは賄えるようになっていくだろうし、現在すでにそうなっている分野もあるだろう。

一方で、世界の多様さを知るために、自分の知識の幅を広げるためには、やはりリアルな場所で本を探す。本棚を眺めるということが有用であるように筆者は思う。少なくとも今後まだしばらくは。

だからこそ、これからもあたらしい本の場所を訪ねてみたい。そしてあたらしい本と出会いたい。そう思うのだ。

目次

第二章

私が本屋を開くまで　準備から継続まで　81

第三章

本から本屋を考える　本屋をめぐる状況を知ろう

園児募集

第一章

町で本屋をやってます

様々な本屋経営を知る

出版不況の中で「それでも本屋を始めた」人たちがいる。地域に根ざし、大型書店では難しい選書や予約制など独自性を持つ本屋を作っている店主たちが、理想では終わらない書店運営の毎日を語る「生の声」を聞こう。

フラヌール書店

なタ書

本屋ルヌガンガ

シカク

ON READING

本屋をやるならこの人たちの役に立ちたい

フラヌール書店　久禮亮太

フラヌール書店がオープンしたのは一年三ヶ月前、私が四六歳のときです。初めて自分が事業のオーナーになるのは大きな転機でした。しかし、これまでずっと書店に入り浸ってきたし、勤務先や関わり方こそ移り変わってきたけれど書店員の仕事を途切れず続けてきました。なぜ自分の店を開いたのかといえば、自分と家族のライフステージが変わっても本屋であり続けていくには他に良い方法がなかったから。何か新しいことを始めたというより、原点に帰ってきたという心境です。

だから、なぜフラヌール書店を始めたのかという問いに答えるには、なぜ書店員を続けているのかをお話しすることがいいように思います。でもそれは一九九六年にあゆみBOOKS早稲田店でアルバイトを始めて、二〇一五年に勤務書店員を辞めて独立し、「フリーランス書店

員」の肩書きでいくつかの書店で実務アドバイザーを務め、ブックカフェ神楽坂モノガタリを立ち上げ、小石川でペブルズ・ブックスを作り、二〇二一年にフリーランスとしての仕事の多くが飛んでしまい途方に暮れ、そこから再起する二五年間のとても長いお話。ここではやめておきましょう。

家具を作りまくって店を始めよう

二〇二一年の六月、長引くコロナの影響で書店アドバイザー業務の多くが休止したり終わったりして、時間を持て余し自宅で鬱々としていました。物作りで手を動かせば気が晴れるのではないかとYouTubeでさまざまなＤＩＹ動画を漁っていました。作りたかったのはギター、カヌー、山小屋。

大阪で朽ちている生家を改装しようかしらとも考えました。しかしどれも稼ぎにはならない。やっぱりやるなら書店だ。本棚やレジカウンターなど、家具を飽きるほど作りまくって、それを使って店を始めよう。フラヌール書店はそうやって始まりました。

最初は出張本屋としてスタートしました。組み立て式の書棚や陳列什器を作って、それをリアカーに載せて自転車で牽いて出店。初めはスカイツリーに近い墨田区のレストランLAND_Aで軒先に間借りしていました。次は目黒のlittle Happinessという洋品店で、併設のカフェがお休みの日、そこに書棚を設営していました。固定店舗の家賃や膨大な在庫代を負わずに済み、同じ品揃えでも出店する先々で新しいお客様に買っていただけるというメリットがありました。このスタイルはお祭に屋台を出すようで楽しかったのですが、一番やりたいのはやっぱり自分の店と呼べる空間作りでした。

店を丸ごと手作りしよう。そんな大仕事に踏み出せたのは、長崎書店とブックセンター滝山、どちらも私がアドバイザーとして長くお付き合いしている書店での経験に後押しされたからです。熊本の長崎書店は、二〇二一年に内装を一新しました。デザインと製作を担当した横浜のスタンダードトレードは、オーダー家具の高級ブランドとして知られています。社長でデザイナー、職人の渡邊謙一郎さんの設計や施工の進め方、仕上がった家具も素晴らしく、とても感銘を受けました。楢材の書棚に囲まれた新しい長崎書店は美しく落ち着いた佇まいで、このような空間を私も作りたいと思いました。同年、東京の東久留米にあるブックセンター滝山は、同社専務の野崎林太郎さんと社員、建築家の小笹泉さんとそのチーム、そして私でセルフ・リノベーションをおこないました。最も安価な資材とシンプルな設計で十分に機能的な書棚を作るアイディアは秀逸で、現場で実際に組み立てに参加したことは大きな経験となりました。

自宅から徒歩三分の「町の本屋」へ

二〇二二年の春先は、どの町で本屋をやるべきか迷っていました。自宅から最寄りの東急目黒線不動前駅か、同じ目黒線で四駅先の大岡山駅か。自宅から通いやすく家事と仕事の両立がしやすいことが出店場所の第一条件でしたが、不動前はとても静かな町です。もう少し人の多い商業地のほうがいいんじゃないか。大岡山は遠すぎず、乗り換え駅で人も多く、東工大がある。東工大は文理融合を謳うリベラルアーツ研究教育院があって、そこに招聘された教員には伊藤亜紗さんや山本貴光さんなど、書店でもよく目にする人気の著者が名を連ねています。彼らへの憧れもあり、私の原点が大学町の本屋だったことへの懐かしさもありました。でも良い

物件に出会えませんでした。

その頃、私は娘の通う小学校でＰＴＡ会長になり、学校で児童、保護者、教職員、近隣の町会役員といった人々と話す機会が格段に増え、地元の交友関係が豊かになりました。せっかく店をやるならこの人たちの役に立ちたい。会長として顔が知られているうちに店を開いて話題にしてもらいたいという下心もなかったわけではありません。そんなことを考えていたら、空いてくれるといいのにと密かに気になっていた自宅から徒歩三分の物件に募集がかかり、飛びつきました。それが現在の場所です。

晴れて契約でき、ＤＩＹ作業を始めたのは二〇二二年八月でした。娘は夏休みで、私と一緒に壁にペンキを塗ったりコンクリートの床にフロアシートを貼ったりしてくれました。それと並行して書棚の図面を描き、必要資材の総量を割り出し、発注。調達した木材はサブロクと呼ばれる畳サイズで厚み一二ミリの針葉樹合板を一〇〇枚。この板から切り出したパーツの組み合わせで、店内の書棚や家具のほぼすべてを作りました。作業工程は、いくつかの雑誌に詳しく書きましたので、ご関心があれば探してみてください。店舗が仕上がるまでの工程で外注したのは入り口開口部にサッシを組んでガラスを入れる作業と、天井裏に電線を引く作業の二つだけで、その他すべてを自分の手で作ることができ、とても満足しています。

既存の流通網と採算性の問題

この作業にかかった六ヶ月の間に、並行して仕入れ先との契約交渉を進めていました。私はあゆみBOOKS勤務時代からずっと大手問屋（取次）から仕入れるやり方しか知らないので、同じやり方を目指していました。大手取次と契約すれば、国内の大部分の出版社の本を仕入れることができ、支払い先を一つにまとめることができる。また多くの場合、仕入れた本を返品することができます。しかし口座開設の審査や保証金といったハードルがあり、いま新しく開業する書店には、出版社各社との直取引や小規模な取次との取引を組み合わせて仕入れるほうが商売のやり方に合っていると考える人も多くいます。

いま新たに口座開設の可能性があるのはトーハン、日販の二社どちらかです。当初はトーハンに口座を開ける見込みで進んでいたのですが、いくつかの事情でそれは白紙となって、最終的には日販で口座を開くことができました。契約が完了して発注の仕組みが整ったのがオープンの二ヶ月前のこと。この二社とのやりとりが開業前の一番の苦労話で、ぜひ皆さんに聞いていただきたいところですが、大っぴらに書き残すのは差し障りがありそうなのでやめておきます。大取次の中で働く人々の多くが個人的な思いとして小規模な新規開業を心から応援してく

れている、しかし既存の大きな流通網がさまざまな新しい形態の小書店に対応することはとくに採算性の点で難しい、その間でどうにかケースバイケースの対応を模索してくれている。この一件では、そんなことを知ることができました。

二〇二三年三月七日にオープン。あっという間に一年三ヶ月が経ち今に至ります。売り場面積一三坪、在庫四五〇〇冊という規模は、作業量の面で負担に感じたことはまったくなく、楽勝といってもいいかもしれません。日々スリリングなのはお客様からの問いかけです。「何でもいいの、何かお薦めのご本をちょうだい」といったご要望はとても多く、それに対して自信ありげな調子で「これなんかいかがでしょう」と本を差し出すのは正直苦手で、いつも内心ドキドキします。これまで一人ひとりのお客様と直接言葉を交わすこと、深く関わることがそこまで多くはなかったのです。でもその会話が、最近では毎日の楽しみになってきました。日々たくさんのことをお客様に教わります。それが仕入れのヒントになり、仕入れた本がまた別のお客様に届いていく。そうやってコミュニケーションが広がることが喜びです。

月々の売上がひとまず目標に達するには三年ほどかかると予想しています。試したいけれどまだ実行できていないことも多く、まだ行き詰まる感じや大きな苦労もないのが正直なところ。お店の売上から自分の給料をほんの少ししか出せていないのはもうちょっとどうにかしたいとは思いつつ、そのうちどうにかなるだろうと思っています。

あるお客様は、うちの読書会がきっかけでお店を気に入って、本屋の見習いをしたいといい、レジに入ってはついでに本を読むようになりました。あるご年配のお客様が雑誌『きょうの料理』を定期購読していて、その娘さんが代わりに受け取りに来てくださいます。彼女は来るたびに昔好きだった本の思い出を話してくれ、最近は長らくやめていた読書を再開したそうです。そんなふうに、お客様たちそれぞれが本との関係を段々と育てていく様子を定点観測できることが何よりの報酬だと感じています。

店舗情報

フラヌール書店

〒141-0031
東京都品川区西五反田5-6-31
https://flaneur.base.ec

[営業時間] 12〜20時
[定休日] 水、第一・第三火

X: @flaneur_books
Instagram: @flaneur_bookstore

後戻りが出来なくなるまで（なタ書編）

なタ書　藤井佳之

二九歳の時に勤めていた出版社に辞表を提出。東京から高松へと戻った。こう書くと仕事が嫌になったとか東京暮らしに疲れてしまったと思われるかもしれないが、実際は違う。先が見える未来が初めて怖くなった。五年後、一〇年後に会社員として都内で働く自分の姿が想像出来る。それらに時間をかけてなぞっていく人生が当時は無駄に思えた。先が見えない未来を進みたい。と言ってもなんらアテなんて無いので荷物を全て実家に送って、中学高校と過ごした高松へ向かった。

何が困ったといって、母親が実の息子が三〇歳を前にして無職と化して一緒に暮らし始めると勘違いする。いや、実際勘違いではないのだが、取り繕いの意味も込めて近くのハローワークへと通う日々となる。そこで本気で驚愕する。あー、俺はやってしまったーと自分の選択に

絶望する。求人倍率は国内でも有数に高い香川県の求職票の数々。そのどれもに悔い尽かされた。まずは安い賃金。一体どうやってこの街の住人はこんな給料で子供を育てているのだろう？　週休二日制の条件が皆無。「隔週土曜休」という言葉を目の当たりにしたのもこの時が初めてだ。朝は七時半からの勤務。そんな馬鹿なことがあるのだろうか？　朝ごはんが食べられない。

そうだ、本屋を始めればいいのだ

高松のハローワークを通して自分は地方都市を舐めていたのだと自覚する。求職票をみては喫茶店に入り珈琲を飲み愚痴をこぼす。求職票をみては古着屋に行きこの街は腐っていると酒に溺れる。

求職票をみては下着屋に行きこんな給料じゃパンツすら買えないと怒鳴り散らす。そんな暮らしが半年も続いた頃にようやく気づく。ハローワークにある求職票の数々。それらは都会から戻ってきたばかりの俺をビビらせるために偽造されたものではないだろうか？　高松は会社員に扮する藤井佳之を市政として阻止したいのだ。もう一つ大事なことに気づく。自分が毎日時間を潰しにいく個人商店の数々。とにかくお客が来てないじゃないかと。お客が来なくてお店が成り立つなんて、思いもしなかった。おそらくだが高松市の政策として、いや、何か裏の力が作用してお店を営むものだけが得られる特権があるのだろう。だったら答えは一つ。お店を始めればいいのだ。

だがここで困ったことがあった。お店をすればこのモヤモヤした状態が解決する。だが自分が何屋をすれば良いのか分からない。好きなものと言えば古着屋やレコード屋だが既に先輩格が陣取っている。カフェや飲食店は学生時代に散々経験したのでやりたくない。かといって県服屋を開店したら若旦那と呼ばれる始末。フラッシュバックが起きた。東京で暮らしていた頃、祐天寺に住んでいたこともあって目黒川沿いをよく散歩した。A.P.Cでシャツを買ってはモンスーンカフェでランチを食べ終えてジェネラルリサーチで靴を買って、あー、羽振りが良かった二〇代。そんな最中に突如現れたのがCOWBOOKSだ。なんで古本をこんなにカッコつけて売っているのだ？　しかも高い！　その上にスタッフはオリジナルTシャツなんて着ている。東京カルチャーに精通しきったと自負していた私が唯一理解出来なかったのが、中目黒に今もあるその本屋だった。

これだ！　これなら俺でも出来る。東京の一等地にあるのに大してお客も来ないし冊数も多くない古本屋。気づけば周りの人たちに本屋を始めると言い始めた。皆がそれに良い反応を示した。誰も俺がCOWBOOKSのような従来のイメージを覆す本屋を始めることに期待したのでは無い。金髪でいて両耳はピアスだらけで前歯無し。そんな男が犯罪以外で何かを始めると決めてくれたことにホッとしたのだろう。この街でお洒落な本屋をやるぞ！　時は二〇〇六年。

時代が助けてくれた。参考にする本屋なんて無かったので怖いもの知らずだった。そんなノリだけで「なタ書」が開店出来たのだ。

頑張ったのは俺ではなく家賃

本屋を開店するとなるとまずは事業資金。となるのかもしれないが、お金を銀行から借りてまでして本屋などしまい。貯金を崩せばなんとかなるだろう。だって会社員時代に相当稼いだんだし。お金の問題は難なくクリア。となると次は物件。高松出身の文豪、菊池寛。文藝春秋を立ち上げ芥川賞に直木賞を生み出した高校の先輩でもある。菊池寛通りという通りがあるのでそこに本屋があれば最高じゃないか。何軒か物件を当たってみる。そこでまた新たな事実に直面する。本屋を始めるのはいいとして、その本屋の家賃はいくらが妥当かなんて知りようがないのだ。今なら各地に様々な本屋があるので、それらを参考にしたり、本屋開店のハウツー本もある。だが当時は本当に参考にするものが何もないのだ。となると人間考えることは一つ。家賃は安ければ安い方がいい。古着屋の倉庫として使っていた物件を家賃一万円で契約する。元は連れ込み旅館だったその物件が気に入った訳でも古本屋の条件にぴったりだった訳でもない。家賃一万円。素人が本屋を始めても家賃一万ならなんとかなるだろう。その家賃は今でも一万円。なタ書は今年で一八年目を迎える。よくぞここまで続けてきたと思う方は多いが、俺が頑張ったのではない。家賃が頑張ったのだ。最近は自分より後にオープンした本屋が閉店する知らせを聞くことが増えた。だが俺の場合は月に一万円を支払えば今の状態をキープ出来る。閉店作業を考えたら恐ろしい仕事量だから閉店しようにも閉店出来ない。立つ鳥跡を濁さずという言葉があるが、俺がこの世から去っても家賃一万ならなんとかなるかと有志が会費を募れば「なタ書」は未来永劫に存続する気さえする。家賃一つを武器にして、とんでもない事態を成し遂げたのだと感嘆してしまう。

「予約制の本屋」という独自性

お店の営業は「予約制」というスタイルを取った。流石に俺も馬鹿ではない。商売なんてしたことないのに古本屋を始めましたで生計を立てられるとは思わなかった。バイトなり裏稼業なりして生活のためのお金は別に稼ぐ。お店に問い合わせがあればお店を開ける。週末営業とか夜のみ営業とかそういった選択肢もあっただろうし、そういった本屋は実際に多い。だがク

黒澤明 集成
黒澤明 集成
本に恋して
井家上隆幸
立花隆
狂ったサル
カモシカの森から
都市の昆虫誌
道具を使うサル

ドイが一八年前にそんな考えが浮かばなかったのだ。予約制というのは奇をてらった訳でもなく極めて現実的に考えて選んだ営業スタイルだった。結果が恐ろしいものだ。取材をする側は「予約制の本屋」とはキャッチーで紹介しやすいのでどんどん「予約制」という言葉が先立っていく。予約制という言葉に謎に惹かれて、本来は本屋に通わないだろう人までがお店を予約して来店する。予約制の一人走りがスタート。そして人生とは何が起こるか分からない。バイトをしつつ本屋を開けるという暮らしに追われているうちにいつしか古本屋だけで生計が立てられるようになってしまった。時すでに遅しとはこのことだろう。この当時（二〇一二年頃）には「予約制の本屋」が定着してしまった。バイトを全て辞めて本屋の仕事に専念してもいい。だがそれをしてしまうと「予約制の本屋」という唯一のウリが無くなってしまう。取り柄のない古本屋へと一気に転げ落ちる。全ては「予約制の本屋」を守るため。開業して一八年目の今も当時と変わらず、する必要のないバイトをしつつ古本屋を営む後戻りの出来ない状態になってしまった。

ここまで書いたことを読み返してみて、こんなになっちゃってな感じで、本屋を続けてしまって申し訳ない気がする。ただおそらくだけども、人並み以上の苦労はしたのではないかとも思っている。高松で「予約制の本屋」をすると決めた時点で頭の回線のどこかが切れてしまったのだ。お客が来なくて当たり前。本が売れなくて当たり前。今みたいな本屋ブームも地方をもてはやす風潮もなく、SNSすらない時代。誰も俺がやっていることの面白さなんて分かるはずがないと自分に都合のいい言い訳を唱え続けてきた。プライドだけは高かった。東京で会社員をしていたかもしれない三〇代の自分にだけは絶対に負けたくなかった。二〇一三年に雑誌の「BRUTUS」で古本屋特集があった。なタ書が大きく紹介された。嬉しかったというより、自分がやってきたこと、やっていこうとすることが時代に合ってきたのかもしれないと安堵した。

先日、二〇代の頃に勤めていた会社が刊行していた横溝正史文庫をまとめて買い取ったことをSNSで発信した。何人かから在庫の問い合わせがきたが、よりによって皆が探しているタイトルがことごとく無い。そんなガッカリの繰り返しの日々がたまらなく面白いし、飽きることがない。明日はどんな人がお店にやって来て、どんなリクエストに応えられないか？　自信しかなかった自分にとっての毎日が五〇歳を前にしてもそんな感じだ。自意識過剰な俺をビクビクかつスリリングにさせる仕事は、古本屋以外にないとようやく思えるのだ。

店舗情報

なタ書

〒760-0052
香川県高松市瓦町2丁目9-7 2F
070-5013-7020
natasho0718@gmail.com
https://natasyo.com

[営業時間]　完全予約制（24時間予約受付可）　不定休

X: @KikinoNatasyo

不安定な世界で変わらず在り続けること

本屋ルヌガンガ　中村勇亮

逃げるように部活をやめ時間を持て余していた高校生の僕は、突如、街をぶらぶらする楽しさに目覚めた。レンタルビデオ屋、図書館、CDショップ、そして本屋。学校から家までの自転車で四〇分の道中には、立ち寄り、眺め、ぶらぶらする場所がたくさんあった。もちろん使えるお金は限られていた。だから本屋では気になる本を隅々まで立ち読みし、悩んだ末に時折、一冊だけ連れて帰った。目当ての本は、だいたいが映画と音楽とスポーツのコーナーにあって、他の棚はあまり目に入っていなかった。棚を満遍なく眺めて……という楽しみ方をするには、あまりに教養が足りなかった。その頃本屋は、僕にとってはどちらかというと街の脇役のような存在で、目的もなく、ただぶらぶらできる場所の一つだった。

大学生になると、もう少し深く本屋の沼に入り込むようになる。ありあまる時間、広がる興味、少ない友人、読書こそが大学生の本分だというオブセッション……すぐに本屋は、足しげく「日参」する場所になった。小さい街だったからいくつもない本屋をはしごし、通い倒した。そうしてさまざまな本屋を訪ねるうち「棚を眺める」ことの楽しさを覚える。眺めるジャンルはいつも、映画、音楽、現代思想、そして海外文学。それ以外の棚の記憶はほとんどないから、ほんとうに定点観測のように同じジャンルの棚にだけへばりついていたのだろう。そしてそれは、店ごとの「棚の耕され方」への解像度が高まっていくような時間だったように思う。いろんな棚があって、それぞれに楽しい。

だから新卒で本屋に入社したのは、自分にとってとても自然な選択だった。本屋は一番身近な場所だったから。働き方、給与、キャリアプラン、業界の将来性……そういったものを真剣に検討するという発想は、自分の中にはなかった。とても幼く、世間知らずだったのだと思う。好きだから。身近だから。ただそれだけを大切にして、本屋の仕事を選んだ。

勤めた本屋は、いわゆる郊外型のレンタル併設書店。山のように入荷した雑誌やコミックを売りさばき、アイドルCDの予約獲得に勤しみ、レンタルDVDの映りが悪い！　とご立腹のお客様のお宅に平謝りしながら代わりの品を持っていく……そんな仕事内容にやや戸惑いつつも、やはり馴染み深いものに囲まれた仕事はそれなりに楽しかった。馴染みのうすい理工書や

絵本、ゲーム本などを担当していくうちに、自分の興味の外にこそ芳醇な未知の世界が広がっているのだ！　と気づかされ、ようやく本屋を隅から隅まで楽しむという喜びにも目覚めた。
だから仕事が休みの日も名古屋に出向き、本屋をハシゴした。ジュンク堂書店、マナハウス、旭屋書店、リブロ、あおい書店、ちくさ正文館、ウニタ書店、らくだ書店……当時そう言った言葉を耳にすることはあまりなかったように思うけど、今思うと「本屋めぐり」をしていたのだと思う。
岐阜のはずれで勤務していた僕は、名古屋の大型書店や名店を「なんて素敵な品揃えだろう」とうっとりと歩き回り、時間をかけて隅々まで眺めた。そこからさらに岐阜駅まで戻って、駅の三省堂や老舗の自由書房をめぐりながら家に帰り、翌日、また自分の本屋に出勤した。

思い切って飛び込むべきだという確信

その後勤めていた本屋は三年ほどで離れ、毛色の違う「かたい」仕事に就くことになる。そこには「好きなものを仕事にするという甘えを捨て、今度は働き方とか給与とかキャリアプランとか、そういったものだけ考えて仕事を選ぶのだ。現実を見ろ。オレは大人になるのだ。」そんな張り詰めた思いがあったように思う。何年かして結婚し、娘も産まれた。あいかわらず本は読み続けていたけど、もう熱心に本屋に通うことはなくなっていた。あれだけ好きだった大型書店で優雅に本を吟味

するような時間は、もう簡単にはつくれなかった。その代わり時折、通勤途中にある小さな書店をささっと眺め、気軽に読めそうな本を手に取るのが習慣になった。

そんな折、何やら「あたらしい本屋」が世に現れつつあるのを知る。セレクトが光る、小さな個人書店。時間がなくともささっと見て回れ、棚を眺める喜びがあり、隅々まで楽しく、街をぶらぶらする時にひとつあったらうれしくなるような本屋。それはまさに忙しい「いまの自分」に必要な本屋だったし、僕がこれまで愛してきた本屋のすべての要素が、ギュッと詰まっているように思えた。誰よりも自分が欲しいと思える本屋を、自分の手で作れるかもしれない。そんなピタッとした予感。これは思い切って飛び込むべきだ、そんな確信に動かされた。

さいわい故郷の高松に心当たりのある休眠物件があったし、夫婦の貯金や退職金をあわせたら店を始められそうなくらいのお金もあった。ただ、会社員の僕にとって自営業者へなることは、あまりに遠く、イメージさえつけづらく、会社勤めをしながらの開業準備は現実感もなく遅々として進まなかった。そんなモヤモヤ期に見つけたのが、内沼晋太郎さんの主催する本屋講座。これはと思い参加したあたりから、物事がゆっくりと動き始める。もちろん、講座で仕組みやビジネスモデルについて学べた事は有益だった。だけどそれ以上に大きかったのは、「誰かにやると言ってしまった以上やるしかなくなった」というか、やると公言して退路を絶ったという事実自体だったように思う。内沼さんには一緒にプランを練っていただいたり関係者をご紹介いただき、良い意味でお尻を叩いてもらえた。もう、前に進むしかなかった。

同じ頃、書店員経験のなかった妻も少しは本屋で働いておいた方がよかろうと、タイミングよく求人が出ていた近所の新刊書店で修行をすることに。そこは職人気質の書店員が丁寧に棚をつくる昔ながらのよき街の本屋だったけれど、妻が働き始めて1年ほどで突然、倒産してしまう。ある朝出勤すると店の正面に「差し押さえ」の張り紙が貼っており、中に入ることさえできなかったのだとか。それはとても悲しいことだったけど、同時に「やはりあたらしいカタチの本屋が必要なのだ」と私たち夫婦を奮い立たせ、開業に向け背中を押してくれるような出来事だったようにも、今となっては思う。

ヒントはいつも過去の中に潜んでいる

そんな風にして始めた私たちの店も、今年で七年目になる。ようやく、少しづつ、街に馴染んできたのかなと思う。始めた頃は「厳選したセレクトをお届けする、これからの本屋のカタチです！」と意気込んでいたけれど、時間が経つごとに謙虚になってきた。それは毎日お客さ

まと接していると、気づかざるを得ないから。長い長い時間をかけて積み上げられてきた本に対する信頼、本屋というものへの愛着の上に、私たちのお店が成り立っていることに。

だから今は、「地べた」から懸命にお客さまの期待に応える、愚直な商売をしていきたいなと思う。当店の定休日は週に一日。あとは年末年始しか休みはないから、年のお休みは五〇日くらいだろうか。ほとんど遠出もできないし、休みの日に娘を遊びに連れていってあげることもできない。時折、お友達と違ってわたしはどこへも連れていってもらえない、と娘が涙をポロポロこぼすことがあって、胸が締め付けられる。このやり方は正しいのかな、と心が揺らいでしまう。それでも、お客さまのために毎日おなじ時間に当たり前に店を開けておくことこそ、私たちの仕事なのだと思う。そしてそれは、自分を支え形作ってくれた本への、そして僕の人生を通過していった大好きな本屋への、私たちなりの恩返しの形

WORKSIGHT 22
World is a Game
NHK出版
中山智香子
大人のための お金学
ありがとうもごめんなさいもいらない森の民と暮らして人類学者が考えたこと
やわらかい頭の作り方
ヨシタケシンスケ
密航のち洗濯
計算する生命
東大・京大で1番読まれた本
他者といる技法
小山さんノート
転職ばかりうまくなる
風をとおすレッスン
頭木弘樹
口の立つやつが勝つってことでいいのか

なのだとも。だから店の在り方に迷った時はいつも、これまで通ってきたたくさんの本屋での幸福な記憶を道標にしている。ヒントはいつだって過去の中に潜んでいる。これまでの本屋へのリスペクトと愛情を決して忘れずに、これからの本屋の形を見つけていきたいと思う。

これを書いている今日は、雨の日曜日。お客さまは多くない。静かな店内でじっとお客さまが来るのを待っていると、少し世界から取り残されたような気持ちになる。だけどぽつりぽつりとやって来て、ゆっくり棚と向き合っているお客さまを見ていると、やはり本には「ケ」の時間こそふさわしいと思う。そしてこの小さくて、少し寂しげな「ケ」の空間を、なんとか守っていきたいなと思う。めまぐるしく移り変わるこの社会。見慣れたものはあっという間になくなり、すぐに思い出すことさえできなくなってしまう。大好きだった本屋も、もういくつも無くなってしまった。そんな不安定ではかない世界で、変わらずにずっとそこに在り続けることは、きっとそれだけで誰かの心の支えになる。僕はそう信じている。街に本屋があるって、それだけでうれしいのだから。

店舗情報

本屋ルヌガンガ

〒760-0050
香川県高松市亀井町11-13
中村第二ビル1F
TEL/FAL　087-837-4646
https://www.lunuganga-books.com
[営業時間] 10〜19時
[定休日] 火

X: @lunugangabooks
Instagram: @lunuganga_books

経験・人脈・貯金ゼロから作ったZINEのお店

シカク　竹重みゆき

私が運営する書店「シカク」は、ZINEのセレクトショップとして二〇一一年に大阪でオープンした。

ZINEというのは自費出版の本——つまり出版社ではなく、個人や少人数のグループによって作られた本のことだ。出版社が作る本は最終的にはたくさん売ってお金を稼ぐことが目的なので、ある程度多くの人に受け入れられる必要がある。対してZINEは自分の作品や趣味・研究成果などを形にしたいという、いわば表現自体が目的として作られるため、万人受けはしなくても作者が本当にやりたいことを追求した、尖った個性が発揮された本が多いのが最大の魅力だ。

入手方法は限られており、手売りのイベントや通販で制作者から直接買うか、ZINEを取

り扱う数少ない店舗で購入するのがメインだ。そして発行部数は１００部から、かなり多くても１０００部程度がほとんどで、多くは完売したら増刷されずに入手困難となる。（なお呼称としては「リトルプレス」「同人誌」などいくつかの呼び方があるが、本稿では「ＺＩＮＥ」で統一する）

近年ではＺＩＮＥの認知度は徐々に上がり、作る人や買う人も増え、販売するイベントやお店も増えてきてちょっとした注目ジャンルとなっている。

だがシカクがオープンする前はまだＺＩＮＥ的な本の存在はあまり世間に知られておらず、関西では取り扱っている書店も少なかった。また取り扱いがあっても古本や新刊がメインの棚の一部に並んでいるというお店が多く、存在感はあまり大きくなかった。

「自称本屋さん」から始まった店づくり

そのころ二〇歳で専門学校の二年生だった私は、知人からＺＩＮＥの存在を教わって衝撃を受けた。作者がやりたいことを自由に情熱を持って表現し、その多くがわずか数百冊しか作られず、やがて売り切ったら幻の本となる。一冊一冊のおもしろさだけでなくＺＩＮＥの世界そのものが秘めた無限の可能性に、宝の地図を前にした探検家のように胸が高鳴った。こんな楽しい本ばかりの空間を作りたい。そしてこんなにワクワクする世界や作り手たちがいるという

ことを、もっと世の中に知ってほしい。

そんな想いと就職したくない気持ちが高じて（そのとき私は就職活動がうまくいかず落ち込んでいた）、ZINEの存在を教えてくれた知人とともに、経験も人脈も資金も計画もゼロの状態でZINEの書店を作ることに決めた。完全なる若気の至りである。

それから半年ほど経った二〇一一年五月三日。住宅地の路地裏にある民家の一室でシカクはオープンした。ところがオープンとは名ばかりで、その日に本棚にあったZINEは三タイトルだけだった。なぜかというと、とりあえず適当に開店日を決め、お店のロゴを作ったり天井に絵を描いたり本棚を作ったりしていたらいつのまにか開店日になっており、商品を集めることまで気が回らなかったからだ。

私も共同経営者の知人も計画性というものがまるでなく、いかなる状況でも感覚とテンションの赴くほうにしか動けないタイプだった。それに最近まで学生だったため貯金がなく、実家に援助を頼めるほど裕福でもなく、銀行から融資を受けるような知識も度胸もなかった。だから「まずは難しいことは考えず、今の自分にできる範囲でお店を作っちゃって、足りないものはちょっとずつ足していこう！」と考え、上記のような自称本屋さんをオープンしたのだ。

ちなみにお店は自宅を兼ねており、夜になるとそこに布団を敷いて寝ていたため、店舗としての家賃はゼロ円。商品がないので売上も当然ほとんどなく、バイトやフリーのデザインの仕事をしながら土日だけお店を開けていた。

そんな有様だったので、訪れたお客さんはもれなく困惑していたが、私は「今はちょっとまだ準備中なんですけど、そのうちこの本棚もいっぱいになるんです！」と、一体どこから湧いてくるのか謎の自信に溢れながら話していた（若さってすごい）。多くの人はそれを聞いて困惑顔のまま帰っていったが、この厚顔ぶりを逆におもしろがってくれる好事家もときどきいて、新しい本が入荷すると買いに来てくれたり、主催するブックイベントに招待してくれるようになった。

次第に本が増えてお店が整うにつれ、認知度が上がり、新しい好事家たちがまた来てくれる。それを少しずつ少しずつ積み重ねていくうち、本棚が足りなくなったのできちんとした店舗物件を借り、売上が増えたのでバイトを辞め、新しい仲間に恵まれ、気がついたら一〇年以上も続くお店になっていた。

だったらなぜ書店を続けているのか

正直言って開店前は書店だけで生活できるようになるとはまったく思っておらず、趣味の延長のような感覚だったので、想像以上に成功したといえるだろう。しかしだからといって「書店経営はいいよ！　みんなもやろう！」とはとても言えない。なにせしんどいのだ。

ＺＩＮＥを売るには新刊書籍とは異なる苦労がある。仕入れは個々の制作者に直接メールで発注することがほとんどで、新刊書籍のように発注サイトでまとめて注文はできないため手間がかなり大きい。届いた本は表紙を見ても内容がわからなかったり、価格が書いていないものも多いため、値札やＰＯＰの準備が必要だ。紙が薄くて傷みやすい本の場合は、透明の袋に入れたりカバーをつけたり「優しく読んでね」と書いたシールを貼るといった対応もいる。それでやっと売り場に並べるというスタートラインに立てるが、そこから売るための努力——通販作業、フェア企画、ＳＮＳ更新——などを無限に繰り広げなければいけない。もちろん接客や問い合わせ・クレームへの対応もイレギュラーに発生する。

また本書の読者ならご存知かと思うが、本は利益率が低すぎてそれを売るだけでは到底暮ら

していけない。なのでシカクでは店内にあるギャラリーでの展示企画と、「シカク出版」というレーベルでの商業出版もおこなっている。そうするととにかくやることが多く、何もしない完全な休みは月に一、二日くらいしかない。それでも経営は自転車操業だ。

たまに「書店を始めたいと思っています」という人がお店に来るが、「マジでしんどいから他のことでも生きていけるなら他のことをしたほうがいいと思う」と答えている。

だったら私はなぜ書店を続けているのか。それは自分の作ったお店が、自分が初めて世界になじめた場所だからだ。

私は昔から学校やバイト先の人間関係にうまく

溶け込めなかったり、社会のルールに適応した行動を取ることが苦手で、ずっとどこか居心地の悪い思いをしてきた。しかし自分のお店では、自分の好きなものを集めた場所を作ればおのずと同じ趣味の人が集まってきてくれる。そのことがとても嬉しく、お店がきっかけで知り合った友人もできて、生きるのが楽になった。もちろん場を作るための苦労は決して小さくない。しかし私にとっては、自分が肩の荷を下ろして生きられる場があることの大切さのほうが苦労よりも大きかった。だから休みがなくても売上が少なくても、なんだかんだでお店を続けている。

さらに前述の通りここ数年はZINEの認知度が上がり、「最近ZINEというものを知って興味を持った」というお客さんがとても増えた。そんな人たちがさらなる楽しさを見いだすきっかけを、ほんの一端でも担えているなら望外の喜びだ。

店舗情報

シカク

〒554-0013
大阪府大阪市此花区梅香1-6-13
shikaku@uguilab.com
http://uguilab.com/shikaku

[営業時間] 平日14〜20時／土日祝13〜19時
[定休日] 火・水

X: @n_SHIKAKU
Instagram: @konohanashikaku

だんだん本屋になっていった

ON READING　黒田義隆

二〇〇三年、当時大学生だった僕とパートナーのKは、先輩Wさんが立ちあげた本屋を手伝うことになった。その本屋は、名古屋の歴史ある問屋街の再活性化プロジェクトの一環として改装された雑居ビルの中にあり、他には飲食店、雑貨店、ギャラリー、デザイン事務所などがテナントとして入居していた。どうやら本屋が欲しいとの街の声があり、起業に興味があったWさんに白羽の矢が立ったようだった。とはいえ、オーナーとなるWさんは本に詳しいわけでもなかったため、当時、とある書店のスタッフとして働いていたKを含む三人の友人に声がかかり、僕も芋づる式に手伝うことになった。そうして始まった本屋「Ｌｏｔｕｓ」は、新刊、雑誌、古本、洋書、ＣＤや海外の雑貨などを扱う、当時としてはなかなかユニークな商品構成だった。今思えば商売というにはままごとのような店で、経営的にも上手くいかず、考え方の

相違もあって僕とKは一年ほどで抜けてしまった。しかしこの体験で得た学びは大きかった。本は容れ物なので、本屋そのものが様々なジャンルのものを扱う大きなメディアになり得る。僕はもともと本屋をやりたいと思っていたわけではなかったが、音楽、アート、デザイン、映画にファッション、文学など、たくさんの自分の好きなものに本屋でなら全部関わっていけるんじゃないか、と気づいた。苦い思い出も多かったがそのおかげで、本屋はもっと面白いことができるはずだ、いつか自分たちの本屋をやろう、と思うようになった。

大学卒業を控えた僕は、大手取次の二社に就職活動をした。が、敢え無く落ちた。再販制度の柔軟な運用の提案や、取次主体でこれまでにない本屋をプロデュースできるのではないか、という面接での僕の生意気な意見は、面接官にとって鼻持ちならないものであったのだろう、あのピリピリとした空気は今でもよく憶えている。でも、そこで自分の意見を否定されたからこそ、やはり自分でやるしかないか、と腹をくくることができたのだ。そうして就職活動から早々にドロップアウトした僕は、アルバイトをしながら貯めたお金でコツコツと本の在庫を増やしていった。各地の古書市をまわって集めた古本や個人輸入したアートブックなどを、カフェの一角で委託販売させてもらったり、フェスやクラブイベントに出店したりする無形態本屋として、自分たちの本屋活動を始めた。

自分たちが欲しい本、作りたい本

二年が経ったころ、とあるギャラリーのオーナーが、事務所を改装するのでそこで本屋をやってみないかと声をかけてくれた。五坪ほどの小さなスペースではあるが、ギャラリーの店番をする代わりに家賃は要らないという。正直まだまだ貯金も在庫も少なく、不安がなかったといえば嘘になるが、若さゆえ、あまり考えることなくKと二人で本屋を始めてみることにした。大阪のCaloの石川さんや、中目黒にあったユトレヒトの江口さん、岡部さんに、本屋始めようと思っていて、と訪ねていった際、「や〜、やめておいた方がいいよ（笑）」と、言われたのはよく憶えている。実際に店を始めてみて、その言葉の意味をすぐに理解した。本は利益も少ないし、僕たちが扱っているアートブックなどは売りやすい商品ではない。しかしそれ以前にまず、お客さんが来ない。今のようにXもインスタもない時分、できることと言えばmixiでの宣伝と馴染みのお店にショップカードを置いてもらうことぐらい。雑居ビルの四階の店に足を運んでもらうことは簡単なことではなかった。一日の来店客数は多くて一〇人くらい。売上がゼロの日もあった。二人ともアルバイトしながら食いつなぐ日々であったが、それでも不思議と悲壮感はなかった。

元々、名古屋で自分たちの欲しい本が手に取れる店がなかったから、という理由で始めたので、古本、洋書のアートブック、ＺＩＮＥやミニコミ、リトルプレスなどと呼ばれる少部数出版物を手探りで仕入れていた。開店した二〇〇六年当時、いわゆる独立系書店は全国的にも少なく、もちろん取次との契約もできないため、一般の書店流通がされているような新刊書籍は仕入れが難しく、買取の直接取引でさえ前例が無いと断られることも多かった。環境は何一つ満足に整っていなかったが、それでもやれることを探し続けたし、やりたいことはいくらでもあった。オンラインショップもオープンし、海外のＺＩＮＥなどを販売していたところ、「スタジオボイス」や「＋81」などの雑誌が取材してくれたことも後押しになって、アーティストや写真家、デザイナーなどものづくりをされている方を中心に、徐々にお客さんが増えてきた。

よく来てくれるお客さんの中のひとりに、写真を撮り、スケートボードをして、ＺＩＮＥを作ったり集めたりしていた小林くんがいた。ある日、彼から一緒に写真集を作らないかと持ち掛けられた。それが、出版レーベルELVIS PRESSのスタートだった。お互い、コピー機で作る手作りの簡易なＺＩＮＥは作っていたが、きちんと印刷会社にお願いして本を作るのは初

めてだった。DTPや印刷のことなどを勉強しながら、地元の印刷会社にデータの作り方などを教わり出版に漕ぎつけた。一冊の本が出来上がる工程を身をもって知れたのは大きな経験となった。無事、製本も終わり、梱包された本の束が届いたときの感動は今でも忘れられない。その後、現在に至るまでに三〇タイトル以上の本を出版してきているが、あの時、背中を押してくれた小林くんの存在がなければ、今のようにはなっていなかったかもしれない。また、本を出版することで、国内の本屋はもちろん、ブックフェアなどで出会った海外の本屋や出版レーベルとも繋がりができて、お互いが作った本をそれぞれのお店で取り扱ったりと、豊かなネットワークを築くことが出来るようになったのも大きな収穫だった。

HOW TO BECOME A KOOK
HOW TO BECOME A KOOK
ANDRE KERTESZ
ON READING
ON READING
CENTURIES OF OWLS
The Complete Identification Book
言語の力
言語学的ラップの世界
言語学

本と本が並ぶと「あいだ」が生まれる

二〇一一年、現在の場所である東山公園に移転することにした。五坪から一八坪の店へ。今度は、大きな窓から気持ちの良い光が入るアパートの二階だ。この頃から、小取次の選択肢が増えて仕入れもしやすくなり、これまでのラインナップに新刊書籍が加わった。試しに人文書やエッセイ、文芸書などを置いてみたら、すぐに反応があった。やはり場所が違えば、求められるものも違う。商売というのはよく綱引きに例えられる。店が売りたいもの、お客さんが求めるもの、そのあわいを行ったり来たりしながら、その場所にあった店に育っていく。売上が取れてきたのは、ある程度の在庫数になってきた三年目あたりからだろうか。それまでは月末になると通帳とにらめっこしながら、なんとか生き長らえてきた。

新刊を取り扱うようになって、棚をつくるという意識が芽生え始めた。その核となる考え方に大きな影響を与えたのは、人類学者たちのリサーチ・グループ「ホモ・サピエンスの道具研究会」との出会いだった。彼らの、既存の概念やルール、仕組みを疑い、ゼロから世界を捉えなおしてみるというアプローチがめっぽう面白く、二〇一六年にELVIS PRESSから『世界をきちんとあじわうための本』を出版したり、数々の不思議なワークショップを開催したりしてきた。その中に、『日曜日の朝の真ん中　みんなのあいだのレモネード』という催しがあった。イベントの内容についてはここでは書ききれないので詳細は省くが、その告知文を引用してみる。

〝「あるもの」と「あるもの」があるというと、2つのものがあるように思うけど、実際はそれだけじゃなく、「あいだ」という存在もあるのに、なぜかそれは数には入れないことになっています。また、「あるもの」があるというと、1つのものだけがあるのだと思いがちだけど、ひろい視野で見れば、それも何かと何かの「あいだ」にあるものだったりします。〟

本と本が並ぶと、そこに「あいだ」が生まれる。例えば一般的な「文芸」「美術」といったジャンルではなく、その本がもつメッセージや感触のようなものを手がかりに並べることによって、今まで見えてこなかった「あいだ＝関係」が抽象的に浮かび上がってくる。そうして具体と抽象とを行き来することによって、新たな思索の種がこぼれ落ちてくる。それを転がしながら、また棚を育てていく。この「あいだ」の手ざわりや実感の共有こそが、自分が本屋でやりたかったことなのかもしれない、と思うようになった。その「あいだ」に目を凝らすこと、耳を澄ますことで、みるみる世界と自分が繋がっていくように感じたのだ。

「本屋」という看板を掲げてから、およそ二〇年が経った。いつも〝今〟が一番、仕事が面白い。気づけばON READINGは、問いを立て続ける人や本、ものが集う場所だった。ここで出会った人や本から受けた影響は計り知れず、自分のちっぽけな常識は常に揺るがされ、まだ見ぬ世界に驚き続けている。自分もまた、ON READINGという店に育てられている。

僕ははじめから「本屋」だったわけではない。そう名乗り出してから、ゆっくり時間をかけて「本屋」になっていっているのだと思う。

店舗情報

ON READING

〒464-0807
愛知県名古屋市千種区東山通
5-19　カメダビル2A & 2B
052-789-0855
info@elvispress.jp
https://onreading.jp

[営業時間] 12〜20時
[定休日] 火

X: @ON_READING
Instagram: @on_reading

ON READING
GALLERY
ON READING

独立書店の勃興

～本屋ライターの個人史①～

和氣正幸

独立書店が増えている、と言われて久しい。正確な統計は存在しないので筆者が個人的に調査したものでしかないが、二〇二一年で79店、二〇二二年で56店、二〇二三年には１０６店もの店が開店している。二〇二三年に百店を超えたのは筆者としてはかなり驚いた。たしかに「独立書店」（独立系書店と呼ばれることも多いが筆者はこう呼びたい）はムーブメントになっているのだとあらためて感じた。

この動きが出てきた理由はというと、分かりやすくまとめれば「情報公開」である。本稿では筆者の個人的体験をベースに独立書店が増えてきた経緯を書いていきたい。

さて、本屋は一部の本好きにとって憧れの職業だったし、いま現在もそうである。だからこれだけ増えている。しかし、ある時までこの本屋という商売はどういうものか詳細が分からないものでもあった。二〇一〇年に筆者が出版業界とはまったく関係のない会社でサラリーマンをしながら

「本屋になりたい」と、ひとりでできるような小さな本屋の調査や発信を始めたときには本屋、特に新刊書店を開く方法は業界外の人間にとってほとんどがブラックボックスだったのである。

当時、新刊書店になろうとインターネットで検索してみると出てくるのは、出版社の間で本の流通を担う、日販やトーハンのような取次会社のサイトだった。そこには保証金などの初期費用で何千万円もかかると書いてあった。業界になんのツテもない二〇代の人間にその金額はとても現実的に想像できるものではなく、自然と自分が開業するとしたら、とイメージするのは古本屋となった。古本屋であればどこかで修行すればなれるだろうという感覚があったのだ。そうして当時大阪にいた筆者は古本屋を訪ね歩いていたのだが、そのうちに京都の恵文社一乗寺店やガケ書房、大阪のスタンダードブックストア心斎橋と出会い、同時期に往来堂書店初代店長・安藤哲也氏による『本屋はサイコー!』(新潮OH!文庫)を読んで、新刊書店の面白さも知ることができた。

二〇一二年に東京に戻ってきた筆者は同年にオープンした本屋B&Bを頻繁に訪ねるようになる。ビールを飲みながら本が買える店。毎日イベントを開催する店として業界的にも衝撃と共に迎えられていたが、筆者としてもそのやり方は斬新で、下北沢に行くたびに立ち寄ったものである。そのほか、有名な書店では二〇〇〇年代に開業したユトレヒトやSHIBUYA PUBLISHING & BOOKSELLERS、COWBOOKS、百年なども訪ね、本屋めぐりを満喫していた。

一方、ブログやSNSでの発信を続けていったことで書店関連の知り合いも増え、新刊書店の開き方についても徐々にではあるが分かってきた。役立ったのは二〇一六年に出版された『本屋がなくなったら、困るじゃないか　11時間ぐびぐび会議』（編・ブックオカ、西日本新聞社）だった。出版社、取次、書店を横断して行われた会議を収録した同書は、新刊書店もとい出版業界の構造をあらためて体系だって筆者に教えてくれた。その翌年出版されたのが『本屋、はじめました　新刊書店Ｔｉｔｌｅ開業の記録』（辻山良雄、苦楽堂）だ。この本の存在は大きかった。新刊書店を開くにあたっての事業計画書までが公開されており、漠然とした不安を具体的な目標に変えることができる内容の本だったのだ。

それでも本屋を始めるために

活動当初から筆者は「本屋になりたい」と事あるごとに言ってきた。そのたびに良識ある大人は皆「やめたほうがいい」と止めた。それはそうだ。もう何十年も出版業界は不況と言われており、その中でも本屋は難しいということは業界内の人間だったら誰しもが知っていたのだ。本屋Ｔｉｔｌｅがオープンしたときには小さな新刊書店ができたことそのものがニュースになったほどだ。だが、それでも本屋を始めたい。そんな思いに応える本が『本屋、はじめました』だったのである。

しかし同書では仕入れに関して分からない部分もあり、本屋という仕事の全貌はまだ明らかではなかった。

その穴を埋めるかのように翌二〇一八年に本屋B&Bの内沼晋太郎氏が『これからの本屋読本』（NHK出版）を出版し、子どもの文化普及協会やトランスビュー取引代行、八木書店や鍬谷書店などの小取次から仕入れる方法を教えてくれた。これで本屋になるための情報がすべて揃ったのである。実際、筆者が見ている限りでも独立書店の開業数は『本屋、はじめました』出版前後で違いが見られる。出版前の二〇一五年、二〇一六年の開業数が6店なのに対し、出版された二〇一七年は17店、二〇一八年が15店、二〇一九年が25店、二〇二〇年には35店と増えていき、前述したように二〇二三年にはついに100店を超えたのである。何事も物事が浸透するには時間がかかるが、二〇一七年に『本屋、はじめました』が出版された頃にここまで増えることは筆者を含め誰も予想していなかっただろう。だが、振り返ってみると情報がこうして公開されてきたことで独立書店は増えてきたのだ。実際、情報をオープンにすることの重要性が浸透しているのだろう。いまやSNSで自店の新刊情報を宣伝するのは当たり前になっており、開業情報もすぐに公開されるようになってきた。開店時からのスタートダッシュをするためにクラウドファンディングを利用する店も増えている。こうやって見てみるともしかしたら他業態と比べても情報公開という意味では先んじているのかもしれないほどだ。

だが、課題は残る。継続だ。たしかに本屋を開くのはイメージできるようになった。その大変さも楽しさも、検索して、本を読めばすぐに分かる。しかし、継続はどうか。ここ数年でも閉店の報を聞くことは少なくない。ではどうすればよいのか。１５４ページでは本屋の現状と展望を違う切り口から書いていきたい。

WARP
HOLE
BOOKS

第二章

私が本屋を開くまで

準備から継続まで

カフェやギャラリーの併設だけでなく、新刊書と古書の併売はもちろん、棚貸し書店や果ては出版機能まで。あらゆる業態を飲み込んで「本屋」という概念は広がっていく。独立書店だからこそ可能な方法を実践する一二の在り方をアンケート形式で紹介する。

- **どんな本屋を目指そうと始めたのか**
- **開店までの準備**（準備期間、資金調達など）
- **継続のための工夫**

BOOKSHOP本と羊／機械書房／mountain bookcase／そぞろ書房／twililight／アルスクモノイ／本屋 象の旅／FOLK old book store／READAN DEAT／YATO／ひるねこBOOKS／WARP HOLE BOOKS

一冊でも希望を見出せるような本を届けたい

BOOKSHOP 本と羊

独立書店が増えている福岡市の中心部から少し離れた六本松地区に二〇二〇年に開店。店主の神田裕さんは現役のデザイナーだ。だから本も整い空間も居心地がいい。それだけではなく老若男女が立ち寄り、本や人生の話をする。外見は新しく中身は昔ながら。一筋縄ではいかない本屋である。（和氣）

回答――神田裕

❶ どんな本屋を目指そうと始めたのか

小さい個人経営の店主の顔が見える店として、当初「誰かの背中を少しだけ押せる本屋」をコンセプトに、多くのお客さんとのコミュニケーションを通してこの本屋を一緒に育てていっ

てもらえるような店作りを目指しました。本屋は常に完成形のないものだと思っていますので、お客さんがこの本屋に望むものを皆さんにいろいろとお聞きしながら追求していこうと考えて開店しました。

　そして今は、仕事や人間関係など様々な悩みを抱える方が本にヒントや答えを求めて探していることを日々感じるので「誰かの心を支えるための本屋」を目標に選書を心がけながら、一冊でも希望を見出せるような本を届けたいと考えています。

　単なる売買としての店ではなく、大型書店にはない「小商い」としての本屋の魅力を感じてもらいたいと考えて店を開きました。また辛い時、寂しい時にいつでも気軽に寄れる「居場所」としての本屋でありたいとも考えています。人が人と出会い集い語り合える、本を媒介として文化のハブ（拠点）のような場所になるために営業しています。

❷ 開店までの準備

準備には約二年かかりました。当時は東京に住んでいましたので最初の一年は東京の本屋さんを回り、店主さんに経営に関するお話を伺いました。その間四ヶ月間だけですが友人の持つ撮影スタジオをお借りして週末だけ試験的な本屋を営業しました。ＳＮＳを通じて様々な方が訪れてくださり、本屋の真似事かもしれませんが貴重な経験が出来ました。

その後、福岡県内の様々な地域へ、何度か直接赴き、リサーチしてどの場所に開店するのがいいのかを考えました。最終的には福岡市内に決めましたが、開店前年の秋に三週間滞在して市内の本屋さんやいろんなエリアを見て回りました。今の場所は偶然ネットで見つけた不動産屋さんに依頼、本屋を開業するにあたって適切な場所をアドバイスしていただき、次の年に福岡に移住してわずか一週間で運良く好立地な物件が見つかりました。即契約し、約五ヶ月後に開店しました。

移住し物件を契約した後は、お店の設計施工は店舗のオーナーさんのご親戚が建築士さんだったので一任して、設計から施工までは約二ヶ月かかりました。その二ヶ月後に二週間のプレオープンを経て開店しました。

開店資金ですが自己資金六割、融資四割ぐらいで準備しました。たまたま税理士事務所を他の本屋さんに紹介してもらった時に事務所の方が融資先の銀行の担当者を紹介してくれました。そして、すぐに融資の申し込みをしました。特に何の問題もなく二ヶ月後に希望額を全額融資していただきました。

本屋の事業計画書は、一日の来客数や売上の見込みを算出するのがなかなか難しいのですが、他の本屋さんの話や本などを参考にして店の規模・営業時間帯などを考慮して、なんとか作成してみました。出来るだけお店で販売するものを詳細に提示していった方がいいと思います。第三者が計画書を見た時に、そのお店の営業スタイルがイメージしやすいようにした方が融資は通りやすいと思います。

本の仕入れですが、当初新刊は三〇〇冊程度仕入れ、あとは自宅にある本四〇〇~五〇〇冊を運び入れて開店にこぎつけました。開店三週間前からSNSでお手伝いしてくれる方を募集したところ、毎日四~五人の方が来て開店準備の作業を助けてくれました。そうして晴れて開店となりました。

❸ 継続のための工夫

エリアの特性や訪れるお客さんの年齢層や性別を記録し（あくまでも店主の判断ですので正確ではありません）、購入する本の傾向を見ながら選書をしています。あまり「流行りもの」を追いかけないようにしながら、大型書店との差別化を考えて中規模・小規模の出版社もしくは個人の制作する本やＺＩＮＥ・リトルプレス等を仕入れています。

もちろん店頭での細やかなコミュニケーションは大切です。極力お客さんとお話をさせていただいております。本のこと、本屋さんのこと、そし

てプライベートなことまで。ここにはいろんな思いを抱えて、それこそ全国から多くの方がいらっしゃいますので、少しでも記憶に残るような本屋でありたいとお話させていただいています。その中からお店を手伝ってくれる仲間が出来たり、棚を借りて一棚本屋を始める方々もいらっしゃいます（一棚本屋制度は現在終了）。

ＳＮＳでの情報発信は今の時代はどうしても不可欠ですので毎日、本の入荷情報、お店の情報や時には店主の愚痴まで……少しでもお店に親近感を持ってもらえるような投稿や動画配信も行っています。

またイベントも多くはないのですが開催しています。作家さんのトークイベントや不定期ですがお酒を飲みながら本について語る「角打ちナイト」や「のきさき一箱古本市」など、お客さんが本屋に足を運びたくなるような企画を行っています。

そのほかにはＴシャツやトートバッグやバッジ、読書に合うアロマスプレーなど、オリジナルグッズや自主制作の冊子（ＺＩＮＥ）制作・販売にも力を入れています。

店舗情報

BOOKSHOP 本と羊

〒810-0044
福岡県福岡市中央区六本松 4-4-12
エステートモア六本松2 102B
https://hontohitsuji.thebase.in/

[営業時間] 13時〜18時30分
[定休日] 月・火
X: @hon_to_hitsuji
Instagram: @hontohitsuji

ただそこに文學がある。本のことだけを思考する空間

機械書房

詩歌を中心に文学に関するリトルプレスを探すならこの店だ。自らもリトルプレス作家である岸波龍さんが、これぞというものを選び平台に展開。そこに「本気で勧めたい」という気持ちが見える。帰り道には詩集や小説がカバンにたくさん詰まっているだろう。（和氣）

回答——岸波龍

❶ どんな本屋を目指そうと始めたのか

根本にあるのは、詩集をゆっくり眺めながら選ぶことができる店。現代詩の私家版詩集が置いてある本屋は少ないので中心に並べてみたいとおもった。それに付随して詩集であれば思潮

社や七月堂などの出版社のもの。個人の自主制作であれば日記本やエッセイ本も置きたかった。それでも根本には私家版詩集が置きたいというのがあり、詩集を広めたいという気持ちが変わることはない。また、ゆっくり選んでもらいたいというのは、交流もできる場というのも意味している。話をすることによってリラックスして楽しみながら本を選んでもらいたい。コンセプトにはカードゲーム屋のイメージがあった。子どものころ、カード対戦をしながらまわりと仲が良くなり店自体も好きになったあの感じ。もちろん、話さずに静かな場所で本を手にとってもらえるのもうれしい。こうしてほしいというのはなにもない。ただそこに文學がある。本のことだけを思考する空間をつくりたかった。

❷ 開店までの準備

二〇二二年の一一月に事務所ビルの三階の物件を決めて二〇二三年五月にオープンした。古本も販売するので買取りのことを考えたら階段のみの三階は条件が良いとはいえない。どころか悪いとおもうが、家賃が安かった。利益率がけっして良くない新刊書籍も販売する以上、固定費の家賃は安ければ安いほどよかった。いろんな本屋の店主に話を聞いていたが家賃が安いとおもえるかは重要視していた。資金はいつか出版社を立ち上げて本をつくりたいなと、本に関して好きに使っていいお金が三〇〇万円貯まっていたのでそれを使うことにしたが、倉敷の

蟲文庫の店主、田中美穂さんの『わたしの小さな古本屋』（ちくま文庫）を読んで、一〇〇万円で大体やれたらいいなとおもっていて、本棚を閉店の決まっていた早稲田の本屋ＮＥＮＯｉに譲ってもらったり、自分でつくったら大体そのあたりの金額に落ち着いた。駅からは近いが時代がかったビルは秘密基地のような場所で、本屋をやるには向いてないかもしれないが、だからこそお金をそんなに遣わなくてもいいと見切ることができた。

❸継続のための工夫

継続のための工夫のまえに継続することしか考えていない。本屋は毎日売って毎日仕入れして、みたいなのが当たり前だが、それだとお金も入っては出ていくの繰り返しになる。だから文学フリマの前後に一気に買切で仕入れて、仕入れるときは仕入れる。売るときは売る。そう切り替えることを意識している。一つのことを集中して行うほうが時間もとられない。時間を無駄にしないことが継続に繋がると考えている。時間に余裕があれば原稿を書いたり読書する時間も増え、結果それが仕事にもなる。だから考える時間をとられないように、いろいろなルールをつくる。ジャンルやサイズ、作家によって、この本なら何冊、あの本なら何冊と事前に

一年分
シティポップ短篇集

決めている。そうすれば悩まない。ゆえに時間はとられない。空間も広くないので上に積み上げるために平積みを多用している。たくさん積んであったものが減っていけば変化の可視化もできる。新刊を毎日チェックすることはあまりしてない。新刊にできるだけ頼らないで、既刊を丁寧に長く売っていきたい。忘れ去られるには惜しいすばらしい本が世の中にはたくさんある。

店舗情報

機械書房

〒113-0033
東京都文京区本郷1-5-17
三洋ビル36号室
https://machinebooks.base.shop/

[営業時間] 12〜19時
[営業日] 月・火・金・土
[定休日] 水・木・日

X: @kishinami8
Instagram: @machine.books

遊び心を忘れない様々な世代に開かれた場所
mountain bookcase（マウンテンブックケース）

長野・富士見町の店に伺ったことはないがきっと良い本屋だという確信がある。店主の石垣純子さんと交流があるからだ。不思議と風通しの良さを感じる方で、移転前の店も自由の風が吹いていた。選書基準は「ひとりの時間を穏やかに満たす本」「好奇心の扉を開く本」。いま一番伺いたい本屋だ。（和氣）

回答——石垣純子

❶ どんな本屋を目指そうと始めたのか

自分で本屋を始める以前は、二〇〇四年から八年間、八ヶ岳にあるリゾートホテル内のブックカフェの責任者として勤務していました。そこを二〇一二年に娘が小学校に入学するタイミ

ングで退職し、本当はその節目に自分の店を始めたかったのですが、子どもの学校のことや資金的なことなども含めてさまざまな事情で見送ることになり、とりあえずできることから始めようと、その年から六年間はイベント出店を中心に、カフェやセレクトショップでのポップアップなど、「本屋以外で本と出会う場所と機会をつくること」を目的とした「移動本屋」として活動していました。

その後、縁あって二〇一八年に山梨でテナントとして三坪ほどの実店舗を構えることになり、二年ほど営業したのですが手狭になってしまったため、もう少し広くて家賃の安い物件を探していたところ、知人から富士見町の商店街を紹介してもらい、コロナ禍が始まった二〇二〇年の九月に地元の長野県へ移転オープンすることを決めました。

現在の店舗では本を売るだけでなく、文学イベントや人が集って語り合える企画をしたり、老若男女さまざまな世代に開かれた場所として、いつでも発見と訪れる楽しさがある居心地のいい本屋でありたいと思っています。

❷ 開店までの準備

二〇二〇年三月末で約二年営業した山梨の店舗を一旦閉めたあと、九月のオープンまでの五ヶ月間は他の

新刊書店の仕事もしながら、基本的に借り入れなどをせずに無理なく始められる物件探しなどを進めていました。

八月に飲食店をしている知人が借りていた一軒家の二階建て一棟のうち一階の七坪半の店舗部分だけを分けてもらって、個別に大家さんと賃貸契約をするという話がまとまり、店舗が決まってからは新刊の仕入れのための取次契約などの準備を進めました。

九月一日から賃貸が始まり、時間もお金もなかったので開店日を数週間後の大安の九月二六日にしようと思い、改装費用は五万円以内と決めて夫と二人で近くのホームセンターから木材を調達し、夫の手が空いていた三日間に集中してＤＩＹで本棚を作り、二週間で必要最低限の改装を終え、新刊の発注をしつつ古本の値付けを家族に手伝ってもらいながらなんとか無事にオープンすることができました。

本はその前の店舗の時も新刊と古本の両方を扱っていたのですが、新刊の大手取次との契約にはまとまった保証金が必要なので、契約は保証金が不要な何社かの取次と契約し、すべて買切で仕入れています。

移転オープンしたばかりの時は古本を若干多めで始め、客注や定期購読を増やしつつ、売上を見ながら少しずつ新刊を増やしていって、今は若干新刊の方が多いくらいのバランスになっています。

また、オープン時に手をつけられていなかったエントランスのオーニングも、翌年に良心的なテント屋さんを紹介してもらい、一年後になりましたが格安で作っていただくことができたので、これからも少しずつ店に手を加えながら進化していけたらと思っています。

うちの店にはいつか本屋を始めたいという方も時々いらっしゃるのですが、木箱と板でできた本棚や、木のパレットでできたテーブル什器などを見て、ＤＩＹでも店づくりができるのだという希望のようなものが生まれていたらうれしいです。

❸ 継続のための工夫

最初の移動本屋の時もそうでしたが、まずはできることから無理のない範囲で始めることが自分には合っていると思うので、小さく始めて良かったなぁと思っています。

実店舗を持ってみてわかったことは、使い勝手に多少の不便があったとしても、特に地方で継続するためには家賃などの固定費はとにかく安く抑えることが肝心だということ。今の店舗は以前の物件での反省点がだいぶ生かされて固定費は三分の一に。他には新聞や雑誌などのコ

ラムや書評の仕事を請け負ったりもしています。

また、お客さんとの会話から始まって毎月開催している、短歌を楽しむための会や、日記を持ち寄って対話する会の他、時々、石にまつわる雑談会などもしているのですが、友人とも異なる誰かとお互いが興味関心を交わすことができる「ささやかで自由な集い」というものが、小さな個人店と社会には、これからますます必要なのかもしれないと感じています。

遊び心を忘れずに心も体もすこやかに、末永く本屋を続けられたら本望です。

店舗情報

mountain bookcase

〒399-0214
長野県諏訪郡富士見町落合9984-574

[営業時間] 13〜18時
[営業日] Instagramの投稿をご確認ください

Instagram: @mountainbookcase

すべては〝本屋のような何か〟から始まった

そぞろ書房

出版社と編集ユニットの総勢五名で運営しているのが面白い。独立書店のほとんどは一人ではじめ、一人で運営するものだからだ。八畳の店内には珍しいZINEが揃い「自分のZINEを置かせて欲しい」と連絡が来ることも多い。「ああ、高円寺に来たなあ」と思える雰囲気を楽しみに、ぜひ寄って欲しい。(和氣)

回答——倉島一樹

❶ どんな本屋を目指そうと始めたのか

そぞろ書房は、ZINE、新刊、古本の販売、展示、イベント、シェア型書店など、〝本にまつわることを色々できる場所〟と立ち上げたお店です。

個人や大手、新しい古いも、値段のついているものもフリーペーパーも、色んな人の作った本や言葉がやたら置いてある状態にしたいと思っています。今時わざわざ自分で紙の本を作る人なんて、大抵面白いにきまっているはず……。

こんな時代に本が好きだという人達が、本に関わっていける場の一つにしていきたいです。

❷ 開店までの準備

そぞろ書房は、出版社の「点滅社」と、編集ユニットの「小窓舎」のメンバー、総勢五人で運営しています。あまり意識したことはないのですが、小さな店舗にしては、関わっている人数が多いのが特徴だとよく言われます。

49-12
ZINE
古本
新刊

現在の店舗の場所は、そぞろ書房になる前、イベントスペースとして貸出されており、そこで古本市のようなイベントを開催したのが開店の切っ掛けです。点滅社と小窓舎で、Twitter（現・X）で声をかけた人の絵や写真を飾ったり、読書会をしたり、本を売ったりしていたところ、当時のオーナーさんに「同じ感じでお店にしてみたら？」と言っていただけました。

降って湧いた話だったこともあり、相当な突貫工事で、開店の一週間前にＺＩＮＥの取扱募集を始め、レジの導入もギリギリ、注文した本が届き始めてから本棚をたてて喜んでいたので、かなり無鉄砲というか無茶なスケジュールだったと思います。この本を読んでくださる方々の参考にはあまりならないかもしれません……。元のイベントスペースから内装を引き継がせていただき、什器もいくつか譲り受けることができたので、なんとかなりました。

〝本屋のような何か？〟をやってみたら、本当に本屋を始めることになったのがそぞろ書房です。

開業資金は点滅社と小窓舎で完全に折半しました。借入等はしていません。上記の事情もあり、他の本屋さんよりは資金がかかっていない方だと思います（それでも、〝本好きだし、やってみるか〜⁉〟で出す桁ではないお金を使っていてびっくりします）。

❸ 継続のための工夫

「全員で頑張って、なるべく無理をしない」と、開店の相談を始めて最初に決めました。

運営メンバーは全員別の仕事もあり、そちらがおろそかになると、そぞろ書房も続けられなくなるかもしれませんし、長い友人付き合いの中で、お互いに疲れがちなタイプというのが分かっているので……。そんなわけで、そぞろ書房には店長などの役職も特になく「できることを、できるときに、できる人がやる」という形で店番や企画をして、お店のドアを開けていけるようにしています。

もう一つ、運営を継続できている理由で最も大きいのは、経理や事務をしっかりと担ってくれるメンバーがいたことです。もう本当に当たり前すぎる話でお恥ずかしいのですが、本好きだけど書店経営を考えたこともない人たちが突然お店を始めてしまったので、お客さんや作家さんとのやりとりを信頼できるものにするため、また自分たちの負担の面でも、最初に事務の流れを整備しておけたことが一番大事だったと感じています。そぞろ書房が今でもなんとか営業できているのは、その人のおかげです。

今年の六月でお店を始めて一年、開店にこぎ着けるのがやっとの状態から、僅かながらお店

の体力がついてきました。数十万円の仕入れをおっかなびっくり試してみたり、展示やイベントを色々やってみたりしています。ゆっくりなペースではありますが、少しずつ、そぞろ書房に関わる人たちにとって、よいお店のかたちを目指して続けていければと思っています。

店舗情報

そぞろ書房

〒166-0003
東京都杉並区高円寺南3-49-12
セブンハウス 202号室

[営業時間] 14〜20時
[営業日] 水・金・土・日

X: @sozoroshobou
Instagram: @sozoroshobou

立ち止まり自分自身と対話するような時間を

twilight（トワイライライト）

一階のパン屋の美味しそうな匂いを横に、狭い階段を三階まで昇ると広がる視界。ギャラリーとカフェと新刊と古本を売る本屋である。強いのは海外文学。珈琲にサンドイッチも食べられる。しかも屋上があり本でも珈琲でも買えば出ることができる。黄昏時なんてもう最高の店なのである。（和氣）

回答——熊谷充紘

❶　どんな本屋を目指そうと始めたのか

コロナ禍で、ずっと自分の部屋だけにいると息苦しいと感じていたので、他人と一緒に安心して過ごせる空間を作りたいと考えました。自分にとってそれが本屋とギャラリーとカフェだ

ったので、すべてを融合させて、そこまで他人と会話をしなくても、いろいろな人が交差する場所を目指しました。

情報が溢れる社会の中で、ゆっくりと本を選ぶ、作品を眺める、屋上でお茶をしながら空を眺める、そんな自分自身と対話するような時間を過ごしてもらうことで、今、自分が考えていることや何を求めているか、気づくことができる。立ち止まることで自分の中に余白が生まれる。そんなほっとひと息つける本屋&ギャラリー&カフェを目指しました。

❷ 開店までの準備

二〇二一年一二月に店をやると決めて、二〇二

here and there

二年一月に愛知県から三軒茶屋に引っ越し。二月に内装工事と仕入れなどいろいろな準備をして、二〇二二年三月一一日にオープン。準備期間は約二ヶ月。資金は自己資金です。

❸ 継続のための工夫

続けるために売り上げを優先すると、お客さんのことが蔑《ないがし》ろになってしまうように思います。大切なのは、どんな店でありたいかを常に考え続け、自分の心の状態を知っておくことだと思います。

自分にとってはお客さんにほっとひと息つける時間を提供することが目的なので、光や音楽など、店の雰囲気をいつも調整しています。

そしてその前に、店は自分という個人がやっているので、自分が楽しいかどうかが、やはり大切な指針になると思います。店を続けているとだんだん心が麻痺してきて自分が何を楽しいと感じるかがわからなくなってきたりするので、自分のことを振り返る時間を設けていることが、工夫と言えるのかもしれません。

店舗情報

twililight

〒154-0004
東京都世田谷区太子堂4-28-10
鈴木ビル3F&屋上
twililight.com

[営業時間] 12〜21時
[定休日] 火、第一・第三水

X: @twililight_
Instagram: @twililight_

検索ではたどり着けない本の世界の案内役に

アルスクモノイ

渋谷の古書店で一〇年以上働いた経験を持つ上原さんが集める古書はどれも面白そうで、アートや海外文学を中心にした品揃え。カウンターがあり珈琲やビールを楽しめて、静かに読書もできるし本の話に花を咲かせることもできる。休日に行けばきっと気が晴れる。そんな本屋である。（和氣）

回答——上原麻紀

❶ どんな本屋を目指そうと始めたのか

もともとデザインやアート、古いものが好きで古本の世界に引き込まれ、古書店で約一〇年勤めた後に独立しました。

古書は検索だけでは得られない情報の宝庫です。また情報だけでなく、手に取る喜びと驚きに満ちた美しい書物が数えきれないほどあります。一冊一冊それぞれが過去へのちいさな扉でもあるので、未知の世界への案内人としての役目が、店にはあるのかもしれません。とうの昔に絶版になっていて見つけにくいものもあれば、中には検索しても辿り着けないものもあり、古書でしか得られない一期一会があると感じます。

❷ 開店までの準備

店舗となる物件を探すにあたっては約半年をかけ、神楽坂は昔ながらの活版印刷所や製本所、出版社や取次があり、本というものを考えるときに

PILOT
flukebook
PARTOUT DES COULEURS
TANA HOBAN
LILO HARDEL
DER FRECHE MAX
COSMIC VIEW
THE UNIVERSE IN 40 JUMPS
by KEES BOEKE
ARTHUR H. COMPTON

WorkShop
SUSAN CIANCIOLO

面白いエリアだと感じてここに決めました。自分で本棚やカウンターを設計し、内装業者さんと相談しながら多くの部分をＤＩＹで仕上げています。最低限の棚と商品だけでスタートして、徐々に棚や商品を増やしていきました。

❸ 継続のための工夫

ファッションやアートを多めに扱っていますが、たとえばコラージュだけでなく詩も残したジョルジュ・ユニエ、小説だけでなく装丁も手がけた川端康成、他にも恩地孝四郎やルイス・キャロルなど、多角的な視点から初めて見えてくる景色もあって、ジャンルにはあまり縛られないように心がけています。

実際に店を始めて気づいたことですが、商品だけでなく、人や空間、そこで流れる時間とが有機的に結びついて、店全体が一本の木のように日々枝葉を広げていくようです。
ここをまた訪れたい、ここでしか得られない滋養がある、そう感じてもらえるように努めることが、お客さまにとっても店にとっても、そして書物というかけがえのない文化にとっても実を結ぶことになると信じて今日も開店しています。

店舗情報

アルスクモノイ

〒162-0812
東京都新宿区西五軒町10-1
03-6265-0849
https://arskumonoi.net

[営業時間] 12〜20時
[定休日] 月・火

X: @arskumonoi
Instagram: @arskumonoi

世界の広さと本の奥深さを感じてもらえる店に

本屋 象の旅

大きな窓が印象的な店。灯りが窓から漏れているのを見ると「本屋に来たんだな」と安心する。開店直後に訪れたときから一年後に再訪問したら品揃えが見違えて良くなっていた。店主の加茂和弘さんが町の人とよく付き合いながら店を育てているということだろう。横浜橋の町の本屋である。（和氣）

回答——加茂和弘

❶ どんな本屋を目指そうと始めたのか

横浜という大きな都市に住む者として、「このまちに本屋を」という使命感のようなものはまったくないのですが、まずは自身が本を好きなことと、本がもっと読まれる社会のほうが、

すくなくとも今の世の中よりはよいのでは、との漠然とした思いから開業に踏みきりました。新刊書店の経営が楽ではないことは承知のうえではじめましたので、小さくとも「あってもいいな」と受け入れていただける、そんなお店がつくりたいとの思いは持ちつづけております。
　たまたまお借りした物件が、北側の通りに広く面しておりましたので、大きなガラス窓で店内がよく見えるつくりにしました。小さなお店に入る抵抗感をすこしでも少なくするためと、本そのものの存在を通りから見てもらうためです。商店街からすこし入った裏通りではありますが、人通りもわりと多く、お店には入らずとも「本がある」ということだけは認識していただけていると思います。

雑誌の取り扱いは基本的にありませんが、絵本や児童書から、固めの人文書や海外文学まで、わりと幅広いジャンルを並べております。一〇坪の店内に、約四〇〇〇冊。小さなお店でも、世界の広さと本の奥深さを感じてもらえるような本を、できるだけ取り扱いたいと思っています。

❷ 開店までの準備

どこからが準備期間なのかははっきりしませんが、気になる本屋さんを訪ねたり、本屋さんや開業関連の本を読んだりを準備の前提とすると、物件を探しはじめるあたりからでしょうか。自分の場合は、オープンの一年前くらいからだったと思います。

テナント賃貸物件をお借りしての開業がほとんどだと思いますが、予算や立地で絞りこみ、あとはご縁のある物件が出ることを祈るしかありません。空間設計や品ぞろえなど、つくりたいお店のイメージはどんどん膨らむものですが、まずは物件ありきです。物件が決まりさえすれば、「できること」と「できないこと」がはっきりとしますので、あとは決めなければいけないことを決め、やらなければならないことを粛々とこなすのみです。

内装工事を自分でやるか、どこかにお願いするか、本棚やカウンター等の什器をどうするか、レジシステムや在庫管理は、備品は何をどのくらい準備するか、ＷｅｂサイトやＳＮＳの運用は、そもそも本の仕入れはどうするか、などなど、挙げればきりがありません。予算、時間、スキル、協力者の有無など、さまざまな要因で変わってくると思いますが、早めに方針だけでも決めておくと、あとあと慌てずに済むかもしれません。

わたしの場合は、オープンが二〇二二年一一月一日、物件の交渉開始が同年の六月中旬でした。契約締結の準備を進めながら、内装工事会社の選定やＷｅｂサイトデザインの発注などを行ないました。賃料の発生時期とオープンまでの期間や、自身のスキル不足などを考慮し、基本的にはできないことはプロにお任せする方針を取りました。

内装工事が八月にはじまってからは、取次会社へのご挨拶や選書リストの作成、本棚ほか什器の発注を進めつつ、先輩の本屋さん（大船のポルベニールブックストアや、梅屋敷の葉々社）にお話を伺いました。開業前のお話は、具体的で参考にさせていただくことも多く、とてもありがたかったです。

オープンのひと月前から本を発注し、届いては並べ、棚の状況を見ては追加で発注し、レジ周りほか開店前の準備作業を終えて、オープン当日を迎えます。自分の選んだ本を買ってくださるだろうか、そもそもお客さまに来てもらえるのだろうかという不安を、肉体的疲労で覆い隠すような日々だったと記憶しております。

開業資金には前職の退職金を充て、すべて自己資金でまかないました。内装工事をはじめ、開業にかかった費用はおよそ七〇〇万、初期在庫となる本の購入費用は、約三五〇万くらいです。

それと直接の準備ではありませんが、個人事業で小売店舗を営むうえで、簿記の知識があると何かと重宝します。お時間のあるうちに、基礎だけでも勉強することをおすすめします。

❸ 継続のための工夫

オープンから一年半ほどしか経っておりませんので、どうしたら継続できるのかどうか、日々ぼんやりとカウンターに立ちながら考えつづけております。

工夫というよりは、心がけといったほうがふさわしいかもしれませんが、今のところやっていることは、お店を清潔に保つこと、営業時間をまもること、本をなるべく傷まないように並べること、このくらいしかありません。

目下の課題は、もうすこし来店数を増やすことですが、こればかりは努力だけでなんとかなるものではありません。仕入れ方法の見直しやイベントの実施、ネット販売の活用など、まだ手をつけられていないことや改善の余地があることも多々ありますが、若くもない個人事業主ゆえ、あまり無理をしてもつづかないとも思っております。

実際にお店を開けて、いちばん実感しているのは、すべてにおいて「やってみなければわからない」ということです。商材としての本をあつかうことの難しさは、すでに多くを語られてきておりますが、けして楽観はできないものの、悲観的な状況とも感じられません。現状の収支状況では、軽々しくぜひご一緒にとは申し上げにくいものの、成り立つのであればいい仕事だなと、日々思いながらあがいております。

店舗情報

本屋 象の旅

〒232-0024
神奈川県横浜市南区浦舟町1-1-39
TEL: 045-315-7006
https://zounotabi.com/

[営業時間] 10時30分〜19時
[定休日] 火・第三水
※営業時間やお休みの最新情報は、「X（旧Twitter）」で確認

X: @zounotabi
Instagram: @zounotabi

常に新しい何かを発信できる場所でありたい

FOLK old book store

一階はランチのカレーが有名な喫茶スペースで地下に本屋スペースがある。新刊も古本も扱うがリトルプレスも多いのが特徴。「毎日、フリーマーケットをやっている感覚」と店主の吉村祥さんが話すとおり一階も地下も風通しの良さを感じる。自由でのびのびとした店だ。

（和氣）

回答——吉村祥

❶ どんな本屋を目指そうと始めたのか

学生時代に訪れた神戸のトンカ書店（現・花森書林）や京都のガケ書房（現・ホホホ座）の、自由でかつ真剣にカルチャーを紹介する本棚に感動して、自分も本屋をやりたいと思いました。

❷ 開店までの準備

まず持っている古本を売るところから始めようと思い、物件も何も決まっていない状態でしたが先に店名を決めて、ロゴを作ってしまいました。休みの日にフリーマーケットで古本を売ったり、町を歩いて良さそうな物件をひたすら探しました。

❸ 継続のための工夫

展示スペースを設けて、作家さんの展示や出版社のフェアを行うなど、常になにか新しいことを発信できるようにしています。

Coyote

店舗情報

FOLK old book store

〒541-0046
大阪市中央区平野町1-2-1 1F/B1F
http://www.folkbookstore.com

[営業日・営業時間]
火〜金　13時〜19時
土・日　13時〜18時

X: @FOLKbookstore
Instagram: @folkoldbookstore

衝動に駆られて始まった、文化の種をまく本屋

READAN DEAT

二〇二四年六月に一〇周年を迎える独立書店。広島市でリトルプレスやZINE、小出版社の本を探すならこの店だろう。もうひとつの特色であるうつわもセレクトが絶妙だ。筆者が人生ではじめて個人作家のうつわを買った店でもある。広島に行ったらまず寄りたい店である。（和氣）

回答——清政光博

❶ どんな本屋を目指そうと始めたのか

自分が本屋を始めるきっかけとなったのは、広島のパルコに入っていたリブロの閉店でした。元々自分は本の虫というわけではないのですが、ちょっと背伸びして写真集や海外の雑誌をパ

ラパラめくったりしていました。自分にとっての文化的な場所といえばリブロでしたが、二〇一一年の一〇月に閉店したことをたまたまSNSか何かで知りました。数年前に転勤のため東京で生活し、その年は東日本大震災もあり、自分のこれからの生き方について悩んでいたときでした。

自分のやりたいことと社会に貢献できることがリンクしたことを仕事にしたいけれど、何をすれば良いのか検討がつかないと悶々とした日々を過ごしていました。そんなときに見たリブロ閉店のニュース。その瞬間はショックを受けたのですが、すぐにフツフツとした怒りが湧いてきました。東京に比べるまでもなく、どうして広島には文化的な場所が少なく、あげくの果てには大好きな本屋まで閉店させてしまうのか、という地元に対する怒りでした。また、他県では個性的な個人店主の本屋があるのに、広島には一軒もないという事実も以前から気になっていて、広島に独立系書店がないのであれば、自分が本屋を始めればいいんだと、ピンとひらめきました。怒りが原動力になりましたが、それは自分がやりたいことと、地元に貢献できることが重なっていて、これしかないとそれまでの悩みは吹き飛んでいきました。何か面白い出会いがありそうと定期的に立ち寄ってもらえるような本屋、そんな場所を広島に作ることが目標となりました。

❷ 開店までの準備

書店勤務の経験がなかったので、準備期間を二年と決め、下北沢の本屋B&Bと、品川駅構内にあるエキナカ書店の二カ所で働きました。B&Bでは棚づくりやイベント運営について実践的に学ぶことができました。エキナカ書店は立地的にも特殊な環境ということもあり、店づくりに直接影響は受けていないのですが、流通のことなど出版業界のことを学ぶことができました。また、休日は都内の古書店を回って、せどりをしていました。販売用の仕入れという目的と、どんな本がどんな価格帯で市場で求められるのか、実際に購入することで経験値を増やしたいという狙いがありました。そのほか、旅先の独立系書店を訪れたり、本屋開業についての社会人向け講座を受講したり、ブックフェアなどのイベントを見に行ったりしました。資金については、全て働いていた頃の貯金を充てました。

❸ 継続のための工夫

本とあわせて、器を商品のもう一つの柱に据え、常設販売のほか年に数回、器の展示会も企画しています。まだ試行錯誤が続いていますが、器の店としても力を入れていきたいと考えています。また、店内のギャラリースペースでは、月に一度のペースで様々な展示を行っています。写真集や画集の刊行記念展など、本のプロモーションだけでなく作品も販売することで、売上に繋げていくことを目指しています。また、出版記念のトークイベントや、ワークショップや講座なども不定期で企画しています。また、県内の別の地域にあるカフェのなかに本棚を設置して、定期的に本の補充、入れ替えを行っています。

ART FOR ALL 20
DEAN & DELUCA
MAGAZINE

店舗情報

READAN DEAT

〒730-0802
広島県広島市中区本川町2-6-10
和田ビル203
TEL: 082-961-4545
MAIL: info@readan-deat.com
http://readan-deat.com

[営業時間] 11〜18時
[定休日] 火

X: @readan_deat
Instagram: @readan_deat

何のためにやっているかを常にしっかり考える

YATO

独立書店界隈の中でも品揃えに特徴のある店。ジャンルは文学、アート・カルチャー全般、思想・社会などなのだが、高額な専門書や画集がさらッと棚に差し込まれているあたりに店主の覚悟とセンスを感じる。工務店が運営するROUTE BOOKS仕込の手作り什器も味があって素敵。（和氣）

回答——佐々木友紀

❶ どんな本屋を目指そうと始めたのか

一〇代の頃は池袋のジュンク堂が、教師を辞めて再上京してからは東京堂本店が好きでした。体力と共に段々と好きなスペースは狭いところになっていたので、自分が作る本屋は、今後

のさらに衰えた自分が愛せる小さなスペースがいいなと思いました。とは言っても、資金が無いのでそういう小さなスペースで自分にとっても価値を見出せる店にする、それ以外の選択肢はなかったのですけれど。小さいけれど人文書の注目の新刊等がある程度揃っていて、値段が高かったり、売れ筋でもないけれど価値のある本がある程度揃っている店が目標でした。

❷ 開店までの準備

二〇一五年末に人員を募集していたROUTE BOOKSの面接を受け、二〇一六年から勤務を開始。選書を担当し、二〇一七年五月に独立に向けて退社。一〇月に池之端のタナカホンヤの田中さんに店舗物件と大家さんを紹介してもらい下見。一二月に大工さんと一緒に下見。この物件で面白くなると大工さんの判断が出たので決定。敷金礼金等はなし、工事中、フリーレントで内装費は一五〇万円。激安のためやれることは全て教えてもらいながら、自分でやるスタイル。大工さんの空き時間で行ってもらうため安いので、一日一緒に作業して「じゃ、これ次来るときまで全部やっておいて」という感じで、徹夜も辞さず時間に自由のきく仕事もしながら続けていきました。当時はまだ三〇代ということもあり、今から比べれば若かったがゆえの少し無茶なやり方でした。とにかくお金がなくてもこういう感じならなんとかなりました。什器もほとんどが大工さんに作ってもらったものと、古巣のROUTE BOOKSのワークショップで自分が作ってきたものでした。

❸ 継続のための工夫

（一）

まず、補助金等や自治体のサポートなど使えそうなものはしっかり申請。

とは言っても、実は自分から探したものはなく、経営を気にかけてくださっている近隣のお客さんなどから「佐々木さんのところ（YATO）でこれ使えそうだよ」と教えてもらうことが今のところ一〇〇％です。志を持って店を経営して、来てくれた方や近所の方などとコミュニケーションを取り、志を意気に感じていただいた皆様と仲良くなり、助けてもらっている感じでしょうか。ネイバーフッドを大切に。

（二）
何のためにやっているかを常にしっかり考える。そして本を読み映画や芸術にふれ続け、限界があっても色々なことに関心を持ち続ける。知っていることや興味が多いほど棚の熱量も紹介の熱量も違ってくると思います。

（三）
本の選定、棚づくりでテクニックとしての細かい工夫は、一〇〇個くらいはあると思います。独立書店でよく扱われている著者の本は、自分の好みや売れることに関わらず、あえて置かないことも。インターネットで本を買うという行為が浸透している現在では、体験としての書店空間に価値を見出すには、違いがある方が豊かだと思うので。

と言いながら本日、出したかったものが一つ締切に間に合いませんでした。現実と理想はかくも距離があるものです……。

(四)

とにかくランニングコストを下げる。具体的には使っていない物件などを探して、DIYによる作業を多くすることで、店舗の家賃を下げる。その後、自分の住む家も店舗と同じように改装可能物件を探して改装して、生活費を下げました。

店舗情報

YATO

〒130-0011
東京都墨田区石原1-25-3
https://yatobooks.com/

[営業時間]月・火・金・土
14〜21時　日13〜20時
[定休日]水・木
最新の営業日時はSNSを確認

X: @yatobooks
Instagram: @yatobooks

新しい作家を後押しする気持ちをいつも大切に

ひるねこBOOKS

猫や絵本が好きな人にはオススメの店。絵本作家との縁を大切にしており、それは展示やSNSの投稿を見ていても分かる。オリジナルグッズや本が生まれるのも納得だ。猫の本に強いが、北欧、フェミニズムやアートの本も並べる。谷中・根津・千駄木界隈を散歩するならぜひ訪ねて欲しい。（和氣）

回答——小張隆

❶ どんな本屋を目指そうと始めたのか

元々、私は児童書出版社の営業職として八年間勤めていました。出版不況や書店の苦境が語られる中、「果たして本当に可能性はないのだろうか?」「書店が生きる術はないのだろう

か？」と、チャレンジのような気持ちで始めたのがひるねこBOOKSです。開店した二〇一六年は現在ほど「独立系書店」が多くはなく、後に続く人たちのヒントになればと思い、オープンしたというところもあります。

　また、営業とは言っても実際に現場に出ることはそれほど多くなく、販促のための会議を重ねたり、データや資料を作ったりといったデスクワークが中心で、本を扱っているのにどこか手応えが無いように感じていました。自分が選んだ本を直接手渡せる場所をつくりたかったというのも大きな理由の一つです。勤務していた会社がロングセラー主体の老舗出版社だったこともあり、自分が心から良いと思える新しい書き手・描き手の後押しができるような場所にしたいとも思いました。

❷ 開店までの準備

二〇一四年の年明けに本屋をオープンすることを決め、営業の仕事と並行して全国の様々な規模の本屋を見てまわったり、本屋イベントのようなものに参加したりしながら、自分なりのイメージを作り上げていきました。退職したのが二〇一五年の春で、オープンは二〇一六年の一月と決めていました。それまで本の世界しか知らなかったことから、雑貨店でアルバイトをしたり、取次会社で派遣社員として働きながら児童書以外の本の知識も蓄えました。

退職時点では店舗物件は決まっていませんでしたが、当時から暮らしている谷根千エリアで店をオープンしたいと思っており、「不忍ブックスト

リート」の一箱古本市にも出店し、地域との繋がりができたことも大きかったです。夏には物件を契約し、そこから什器の購入や商品の仕入れを進めました。本屋は棚が主役ですから凝った内装にする必要はないと考え、床と壁だけ業者に塗ってもらい、照明などは市販のものを組み合わせています。

なお、借り入れはせず全て自己資金で賄いました。始めるのはスモールビジネスですし、自分の手の届かない範囲まで広げるのではなく、あくまで自分自身で責任を取れる程度の資金で運営するべきだと考えました。

❸継続のための工夫

まず、新刊だけでは利益率が低く、運営していくのは難しいだろうと考えていました。当初から古本を扱うことを決め、古物商許可証を取得しました。それまで古本を扱ったことはありませんでしたから、最初は買取の持ち込みなどもほとんどありませんでしたが、徐々に地域の方やSNSをご覧になった方が本を売ってくださるようになり、古本を安定的に販売できるようになりました。単に本の売り買いだけでなく、それをきっかけに街や人と繋がることができたのも大きかったですし、店主のセレクトだけではない品揃えを担保することにもなり、棚に幅と奥行きを与えてくれました。

また、店内でのトークイベントやワークショップ、展示なども最初の頃から企画していました。本を仕入れて売るだけでは生き残りが難しい時代、たとえ小規模でもイベントを通してコミュニティを作り、店の濃いファンになってもらう仕掛けとしては有効だったと思います。コロナ禍もあり店内でのイベントは減らしましたが、展示は現在に至るまで絶え間無く続いています。「いつ行ってもいい」「いつか行きたい」ではなく、「今行かなければ」と思っていただくために、定期的な展示の入れ替えで鮮度を保ち、空気を変えることは継続の上で必須と考えています。

さらに、そうした展示の中からオリジナルの絵本である「ひるねこBOOKSレーベル」の刊行に繋げました。開店の動機でもある「作家の後押しをしたい」という気持ちを大切にし、当店で絵本を出すことをきっかけにして作家さんに活躍の場を広げてほしいと願っています。オリジナルの商品を扱うことは経営的にも強みになりますが、それ以上にそういった思いが自分自身のモチベーションにも繋がっています。

店舗情報

ひるねこBOOKS

〒110-0001
東京都台東区谷中2-5-22-101
070-3107-6169
hirunekobooks@gmail.com
https://www.hirunekobooks.com/

[営業時間] 12〜20時　土・日・祝12〜18時半
[定休日] 火・第二水
※営業関連の情報の詳細は「ひるねこBOOKSブログ 本の紹介と本のこと」を参照
http://hirunekodou.seesaa.net/article/501954588.html
X: @hirunekobooks
Instagram: @hirunekobooks

じぶんひとりではなく、「町のみんな」と作る本屋

WARP HOLE BOOKS

尾山台にあるとにかく町に開かれた本屋。ロゴのモグラをパペット人形にしたものを常連さんが作ってくれたり、ドアマットも近所の方が作ってくれたり。選書もアートやカルチャーに偏らずお客さんの声を大切にしているという。四坪という狭さも手頃で、町にあると嬉しいちょうど良い本屋だ。（和氣）

回答――黒川成樹

❶ どんな本屋を目指そうと始めたのか

自分が住んでいるまち、尾山台に本屋さんがあったらもう何もいうことはないのに！　そう思っていたら、ご縁が重なって自分で本屋さんをはじめることになりました。

小さな頃から本は大好きでしたが、それだけで本屋さんが出来るとは思えません。自分好みの本屋さんをやってもうまくいくはずがないと思いました。名物店主の方がいるお店の真逆、まちのみなさんに作っていただく本屋さんができないか。そのために自分に出来るのは、たくさん試行錯誤を繰り返して、少しずつ関わってくれる仲間を増やしていくことだと考えました。

❷ 開店までの準備（準備期間、資金調達など）

物件だけが決まっていて、あとは何もない。そんなスタートでした。

そこで、まるまる一年間はプレオープン、徹底的に勉強する期間を設けることにしました。本屋

さんには何が必要なのか。街ゆく人のどんな期待に応えたら良いのか。仕入れルートの開拓、本の並べ方や扱いなど、オペレーション面でも勉強が必要でした。

一年間の家賃は勉強代として割り切り、売上を焦らないよう、自分に言い聞かせました。社会人大学に通って、これからのまちの本屋さんのあり方について、ひとつひとつ現場で学んでいる！　そう思うことで家賃を払っていました。

開業時点でかかった資金は三〇万円程度（敷金除く）。最初の一年間での支出は約二二〇万円でした。ただし一年目から一〇〇万円以上の売上がありましたので、初年度にかかった費用は約一五〇万円でしょうか。新しくお店をはじめるのにかかる費用としてはかなり安い部類に入ると思います。これらは自分の本業の売上で賄っていました。

❸ 継続のための工夫

有料の会員制度ワープホールブックスクラブ。会員さんがご自身の本を委託販売できる「つなぼん」という仕組み。本屋さん会議という月に一回、お店の今後についておしゃべりする会議などの取り組みを行なっています。色々とやっていますが、共通する目的は「店員とお客さん」の境界線をゆるめることです。

長くお店を続けていると、どうしてもお店にきてくださる方を「お客さん」として見すぎてしまいます。そうすると、なにがいけないいか。お店にきてくださる方のお話をたくさん聞くこと。道行く方々の様子を観察し続けることが難しくなり、自分の頭の中で、経験に基づいて勝手に決めてしまうことが増えてしまうのです。

ワープホールブックスのある世田谷区尾山台駅は、一日の乗降客数が約三万人だと言われています。そのうちの四〜五％の方が毎月お店にきてくださって、一％の方が本を買ってくださり〇・〇〇二％の方が会員になってくだされればお店の営業が続けられます。

計算上はそうですが、どこまでもひとりの人と人。その関係からはじまることを大切にしたいのです。遊びにきてくれる小学生たちとおしゃべりをすること。プレゼントを探している方とぴったりの一冊をみつけること。読書が苦手になってしまった方に最初の一章を読み切れる後押しをすること。嫌なことがあった方がまた前向きに一日をはじめられるキッカケをつくること。その一回一回が、まちのみなさんに本屋をつくり、育てていただくことにつながると思います。

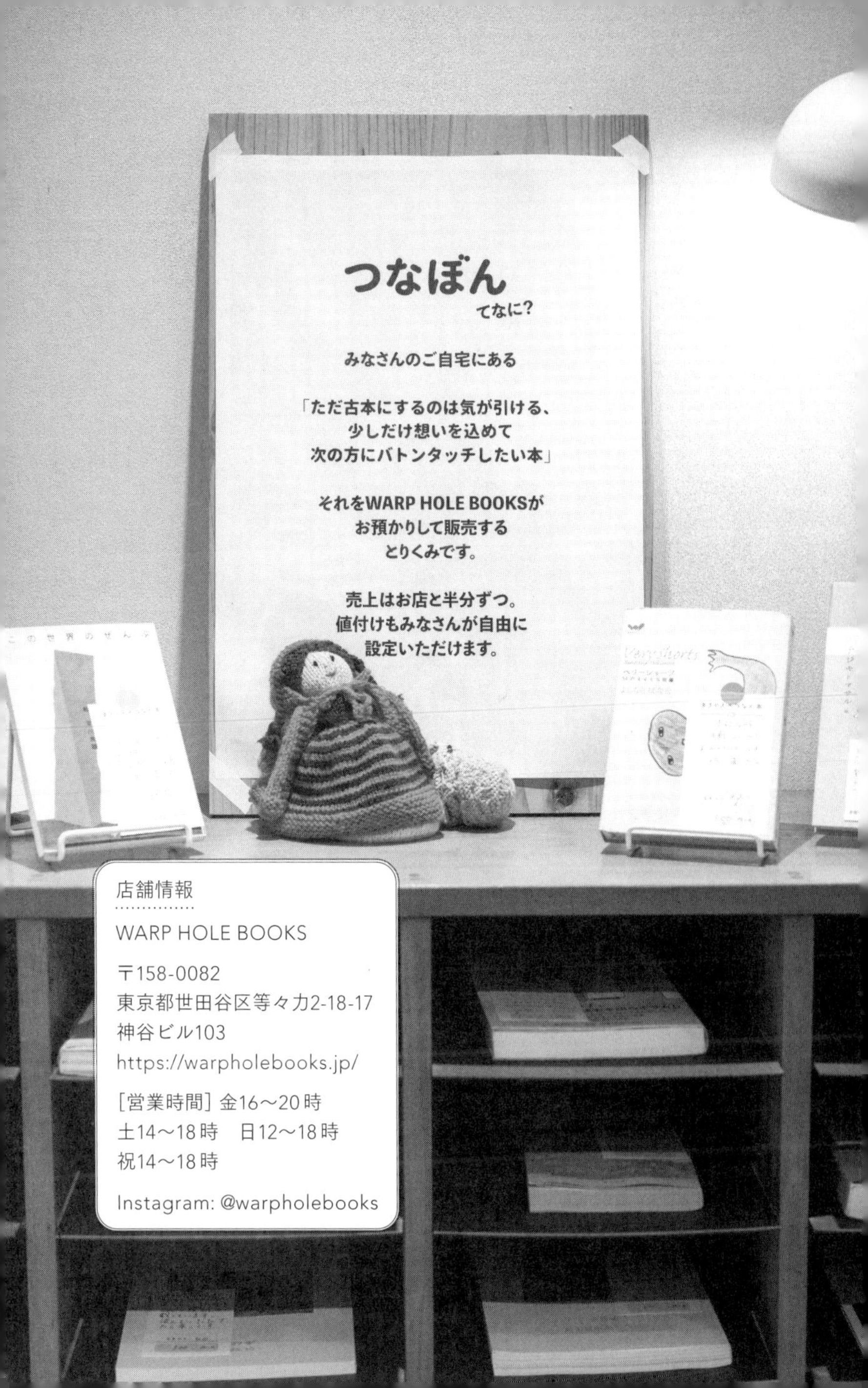
つなぼん
てなに?
みなさんのご自宅にある
「ただ古本にするのは気が引ける、
少しだけ想いを込めて
次の方にバトンタッチしたい本」
それをWARP HOLE BOOKSが
お預かりして販売する
とりくみです。
売上はお店と半分ずつ。
値付けもみなさんが自由に
設定いただけます。

店舗情報

WARP HOLE BOOKS

〒158-0082
東京都世田谷区等々力2-18-17
神谷ビル103
https://warpholebooks.jp/

[営業時間] 金16〜20時
土14〜18時　日12〜18時
祝14〜18時

Instagram: @warpholebooks

書籍商

あたらしい本屋の形

～本屋ライターの個人史②～

和氣正幸

独立書店の勃興については75ページで「情報公開」という切り口で書いたが、本稿では「本屋概念の拡張」という観点から「新しい本屋」について考えてみたい。独立書店の勃興はそのまま本屋という概念が拡張してきたことの証左でもあるのだ。そして、それは本屋の現在から未来を考える羅針盤にもなりうる。

それは二〇一四年のことだった。筆者は新刊書店・双子のライオン堂と組んで「本屋入門」というゼミを開いた。書店業界の人間に話を聞いて現状を把握した上で、最後に自分がつくりたい本屋の企画を発表、さらに双子のライオン堂で自分たちの考えたフェアを開催するというものだ。集まったのは全員が本屋を開きたい人たちだった。参加者たちへ、まず最初に筆者が問いかけたのは「本を売って生きていきたいか」ということだった。自分がつくりたい本屋を考える時に、この分岐点は大きなもので、もし本の販売を生業とするのであれば難易度が飛躍的に上がるのだ。なにせ新刊の粗利は20%~30%。本体価格一六〇〇円の本を一冊売って三二〇円~四八〇円。そこから人件費や家賃、光熱費を支払うこととなる。本屋は薄利多売の商売なのだ。加えて一日二〇〇点以上は出版されるという商材の多様性とそれを捌く労力を考えれば、お金以外の喜びがそこにあることは前提としても、本屋が苦労の割には儲からない商売であることは想像に難くない。本の販売からの収入で生活を維持することはそれ自体が大きなチャレンジなのである。

一方、本屋を生業にしないのであれば、話は変わってくる。「本のある場所」を運営することを目的とするならば選択肢は無限大だ。本の販売の有無、カフェやギャラリーの併設、イベント開催という業態の選択もあれば、土日だけ営業や週三日営業など営業日数を選ぶこともでき、マルシェや一箱古本市に出張販売するなど店舗にとどまらないと様々な選択すらできる。とはいえ、前者と後者との境は曖昧で無限のグラデーションがあることも分かるだろう。問題は重心の置き方だ。あくまで「本を売って生活することを中心とするか、それともトータルとして本のある場所を維持運営する」ことを主眼とするか。

なぜこの話をしたのかというと、筆者が活動を始めた二〇一〇年には本屋という言葉は「本を売って生きていくこと」という意味が強かったからだ。この意識が十年かけて変わってきたのである。『ユリイカ 2019年6月臨時増刊号 総特集 書店の未来』で内沼晋太郎氏は「大きな出版業界」

と「小さな出版界隈」という言葉を使い、疲弊した構造と人口減少で苦戦する前者と、印刷技術の発展やSNSの普及により個人や小規模での活動が広まりつつある後者をうまく対比した。これは後者にあたる活動をする人が増えてきたということを印象づけた。

活動維持のために売上は必要だがそれがすべてではない世界。どのように本とかかわるのか。本の世界に貢献したいのか。そういった意志を重視する世界だ。内沼氏が『本の逆襲』（朝日出版社、二〇一三）で〝広義の本に関わる仕事、それをあらためて「本屋」と呼ぶとしたら〟といったこの「本屋」でもある。一箱古本市に出店したりネットショップで本を販売したりSNSで本を紹介したりするこの「本屋」が、実店舗を持ちたくなり、『本屋、はじめました』や『これからの本屋読本』を読んで具体的な道のりを考え、全国各地にある独立書店を訪ね、店主から直接話を聞くなりして店作りの参考にし、準備を整え自分の店をオープンする。そういった大まかな流れができたからこそ、ここ数年の独立書店の増加は「ムーブメント」になったのだと言えるだろう。

シェア型書店の浸透が意味するもの

このように本屋概念は拡張されてきたのだが、近年では本屋に「何か」を掛け合わせるこれまで書いてきた業態とは全く違った形が現れる。それがシェア型書店だ。月額制で棚の一区画を貸すことで成り立つ店のことで、二〇一七年オープンのみつばち古書部に始まり、そこからほぼ一年ごとに筆者の運営するBOOKSHOP TRAVELLER、ブックマンション、渋谷〇〇書店、PASSAGE by ALL REVIEWS（以降パサージュ）がオープンした。特にパサージュはそれまで一〇〇箱前後だった貸し棚数を飛躍的に伸ばして三〇〇以上の棚を貸している有名店だ。仏文学者・鹿島茂がプロデュースし、神保町のすずらん通りという一等地にあるということもあり二〇二四年三月には五〇〇棚を貸す三号店SOLIDAもオープンした。全国で約四〇店あるシェア型書店の中でも大きな成功例だろう。

シェア型書店の本質はテナント業だ。そこが通常の本屋との一番の違いである。通常の本屋は本を売る人と本を買う人が直接結びつくが、シェア型書店の場合は両者の間に棚を借りている箱店主が存在する。そして、売っている本は箱店主が用意するため、原則としてオーナーが品揃えにタッチできない。本がうまく流れて、箱店主が来たくなる場所こそ「良い店」で、箱店主が補充にあまり訪れず本が滞留すれば「魅力のない店」となる。そんなモデルの店である。

このモデルの店が増えた背景には一箱古本市と文学フリマの隆盛がある。一箱古本市は段ボール箱一箱に好きな本を詰めて一般読者が軒先で本を売るお祭りで、谷中・根津・千駄木エリアで二〇〇五年からはじまり、以来、全国各地に広がった。これは言い換えれば「お勧めの本をひと箱に詰めて売る」ことの面白さが広まったということでもある。シェア型書店は毎日同じ場所で開催される一箱古本市という見方もできる。

文学フリマはZINEやリトルプレス、同人誌と呼ばれる個人出版物の作家が、ひとつところに集まって出店・頒布するお祭りで、二〇〇二年にはじまった当初は文学を中心にしていたがいまではそれだけに留まらない多様な個人出版物が集まっている。二〇二四年五月に開催された際ははじめての入場料制を取ったにも関わらず一八七八店が出店、来場者数は一万人を超えた。これらの作家たちが自身の作品を継続的に販売するための場所としてシェア型書店を選び始めているのだ。

ただ、シェア型書店を約六年運営してきた筆者の経験を話せば、ひと箱の売上が棚代を上回ることは決して多くはないため、あらたな箱店主を募るときには必ず「売上を目当てにしないでくれ」と伝えるようにしている。それでも借りてくれる箱店主は多い。では何を価値とするかと言えばコミュニティであり、フィジカルな場に店を持っているという広報宣伝である。月一回の定例会では三々五々集まって普段は出会えないような人と、本好きという一点で知り合い語らうことができるし、イベントや展示を開催することで自分の活動を広めるための場とすることもできる。

さらにオーナーの目から見たときのシェア型書店のメリットとして固定収入を得られるということは大きい。加えて、箱店主が店番をすることを特典のひとつにしている店も多く、人件費を抑えることができる。極端なことを言えば箱店主が十分な人数いれば、本が一冊も売れなくてもひとまずは店を維持することが可能だ。もしオーナーが「本を売って生きていきたい」ことにこだわらず、本のある場所を維持運営していくことを目的としてそのことに価値を感じるならばシェア型書店の安定性は魅力的だろう。

そうして増えてきたシェア型書店であるが、この一、二年で新刊書店でもこのシステムを取り入れることが増えてきた。新刊書店ではあるのだが、棚の一部を貸しているのである。神奈川の本屋象の旅や東京・蔵前の透明書店、葉々社、筆者が運営するBOOKSHOP TRAVELLERがその良い例だ。筆者としてはこの方向性に独立書店の未来を感じている。構造として店を運営する仲間がはじめからいるということは思いの外、心強いものだ。独立書店主はひとりで店を運営することも多いため結果として孤独を感じやすく、長い目でみたときに孤独は、店の継続に悪影響を及ぼす。「なんのためにこんなことをやっているのか」と思ってしまうのである。海外の話ではあるがお隣の国・韓国では開店から数年で店をやめてしまう例も多いと聞く（『韓国の「街の本屋」の生存探究』78p–83p）。夢を持って店を始めたものの現実の壁に挫けそうになることはあるだろう。時間が経てばなおさらだ。原因は利益率の低さや流通など出版業界の構造にあるため、一店で太刀打ちすることは難しくすぐに変わるものでもない。続けようと思えば続けられるが大きな問題はどうしようもないと心が折れそうになることもある。そんなときにもう一度勇気を奮い立たせてくれる存在は、相談できる仲間だろう。連帯だろう。箱店主はただの客ではない、店作りの一部に関わってくれる存在にもなりうるのだ。

シェア型書店にはもう一つ可能性がある。それは出版社が棚を借りることだ。棚代がかかるとはいえ読者に直販でき、出版イベントの拠点を持つことができるメリットは大きいだろう。著者のコアなファンだけを集めた読書会を開くなどサロン化できれば出版社自体のファンを増やすこともできるはずだ。先に挙げたパサージュでは白水社など多くの出版社が棚を借りているし、鳴り物入りで四月二七日にオープンする「ほんまる神保町」では法人利用枠を用意し、本稿執筆の四月中旬時点で東京書籍や小学館、角川春樹事務所などが申し込んでいる。出版社にとっても広報宣伝費として考えれば数千円で固定の棚を持てるのは価値がある話なのかもしれない。ただ、こちらの方向性については、ほんまる神保町の成功如何にかかっているので現時点では未知数といえるだろう。

現在進行系で拡がっていく「本屋」という概念

さて、話をまとめよう。本屋と他の業態を掛け合わせることで利益率を改善しようとし、その継続可能性を増そうとしたのがシェア型書店前史である。何を掛け合わせるかの答えは如何様にもあり、結果、本のある場所は増えた。それを担ったのは内沼晋太郎氏が広義の「本屋」とした人々である。本屋概念が拡張された結果、多様性が増し、様々な試行がなされた。その実験の一つがシェア型書店というわけだ。シェア型書店の特徴はもはや本屋が本を売ることから離れ、本のある場所そのものを売るようになったことだと言える。棚を借りる箱店主はそのほとんどが古本を販売するため、出版業界の大勢に影響を与えるということにはならないかもしれないが、本のある場所が増えるという一点においてシェア型書店という方法論は大きな価値がある。さらに言えば出版社が棚を借りるのならばそれは業界全体のプラスにもなりうるだろう。が、シェア型書店については現在進行系の話でありまだ結果は出ていない。一方、新刊書店とのハイブリットは店が生き残る確率を上げるのではないかと筆者は考えており、こちらに可能性を感じている。

筆者としては、本屋概念の拡張の結果、本屋が本を売ることから自由になったことは興味深いことのように感じるし、また逆に本を売って生きていくことにこだわる店に強い魅力を感じるのも確かだ。どちらが良いか悪いかの話ではなく、それぞれの良さがそこにはあり、それぞれの楽しみ方があるということだ。本屋との掛け合わせはまだまだ開拓されていないことがあるだろうし、まったく違う業態もできるかもしれない。本屋概念はさらに、拡張されそれとともに本のある場所が増え、本と人との接点はまだまだ増えていきそうだ。いまだ継続のための明確な答えは出ていないものの、そこに確かな希望を感じるのである。

ぼくの

第三章

本から本屋を考える

本屋をめぐる状況を知ろう

和氣正幸

本屋を始めたいと思うなら、まずは本屋の仕事や本をめぐる状況は知っておきたい。ここで取り挙げる三冊の本は優れた「本屋本」であると同時に独立書店の現在や未来について考えるヒントが詰まっている。

街の本屋の生存探究、あるいは本の生態系について

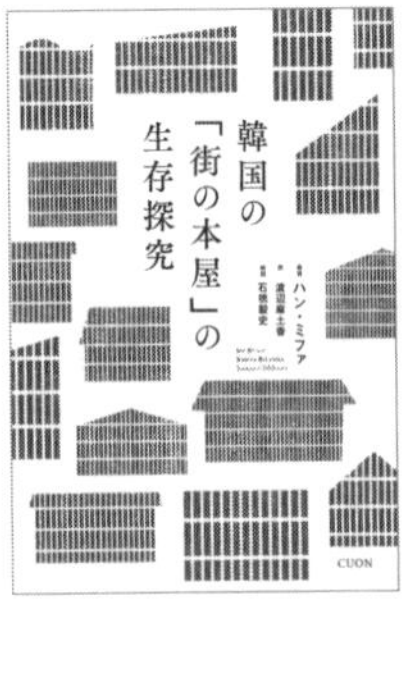

ハン・ミファ『韓国の「街の本屋」の生存探究』（訳・渡辺麻土香／クオン、二〇二二）

『韓国の「街の本屋」の生存探究』という本について書こうと思う。

この本は韓国の出版評論家である著者・ハン・ミファ氏が二〇二〇年八月に出版した『街の本屋の生存探究』の日本版だ。韓国で二〇〇〇年代末から徐々にその数を増やし始めた独立書店について、開業増加の理由や経営の難しさについて、書店主の言葉を随所に差し込みながら紹介。さらに、経営が難しいことの理由として業界構造を挙げ、最後にそれでも独立書店を続

ける意義と状況を打破するための萌芽を語り、終えている。

韓国と日本では、再販制度の有無（韓国では図書定価制と呼ばれている）の違いこそあれ、大きな問題点は同じで、つまりは**本屋側の利益率がとても少ない**ということがある。

日本では二〇二四年現在、委託販売の場合、書籍価格の22％前後。買切で仕入れた場合、30％前後が本屋側の取り分となる。韓国では委託販売の場合で平均25％が取り分だが商習慣上5〜10％の割引を行うことがほとんどのため、本屋側に残る利益は10〜15％しかない。

さらに本は他に類を見ないほどの多品種少量生産の商材であり、結果、情報収集・発信、空間づくり、イベント開催、場所によってはカフェ運営と労力はいくらあっても足りないほどである。

そうなれば、夢を持って始めた店でもいつしか継続することに汲々としてしまい、挙げ句**「なんでこんなことをやっているんだろう」と嘆く**ことさえあるかもしれない。

地域再生という文脈の中で

問題はそうならないためにどうしたら良いのかということだ。

そこで、本書の中で書店イウムのチョ・ジンソク代表の言葉として出てくる以下の言葉に焦点を当てて考えてみたい。

〝「小さな本屋を『生態系の一部』として考えてほしい。（略）本には、つくる人、流通させる人、買う人がいる。このネットワークの中で本屋を営み、自分の役割や、自分が得意なことを考えて足場を固め、つながりを生み出すよう努めなければならない。〟（221pより）

日本の、古本の世界のことではあるが、神保町を中心とした古書業界では「お客さんから買い取りする→店で売る→売れないか店に合わないものは交換市に出品する→交換市でも仕入れする→店で売る」といった循環が成り立っており、店売りが芳しくなくても交換市で当面の現金を確保するといったことも可能である。つまり、自分の店で売れなくても他の店が買ってくれるという安心感があるということだ。だから、古書の世界では専門店が多いのだ。

上記では古書という「業界」での括りだったが、本書では「地域」という括りでの成功例としてアメリカの二〇〇五年から二〇一八年までの本屋再生に関するライアン・ラファエリの研究論文「リテールの再創造：独立書店の再生」にある本屋再興の理由を取り上げている。

〝「人びとが集まる空間」（Convening）、「その本屋ならではの個性ある選書」（Curation）、「地域に根ざした談話空間や文化スペースとしての役割」（Community）を挙げた。キュレーションに定評のある街の本屋が、読書会や趣味の集まりといった人びとが集まる空間になり、ひいては地域社会を支える重要な意見交換の場や文化的な時間を分かち合うサロンのようなコミュニティとして生まれ変わる。それが最終的に「ローカリズム」という実を結ぶのだ。〟

（244-245pより）

良い本屋に良い人が集まり良い場所になり良い街となる。そんな環境を作っていく中で本屋の継続が可能になる。ある種、本好き、あるいは本屋好きが考える理想的な状況だろう。

筆者も運営している棚貸しスタイルの本屋はいまや全国で四〇店ほど存在しているのだが、地域再生、まちづくりといった文脈での開業も多いようだ。

さらに日本でいえば行政が運営する本屋「八戸ブックセンター」の存在も忘れてはいけない

だろう。当時の市長による施策「本のまち八戸」の一環ではあるのだが、周辺の街の本屋に悪影響が出ないように売れ筋の本は避け専門書や人文書を多めに並べ、売れ筋の本はまとめて仕入れることで貢献もする。読書会ができるスペースがあったり、地域に根ざした展示を企画したり、店の目の前のスペースを貸してブックイベントも開催する。

二〇一六年開業ではあるが日本における本屋と街の関係性としては今でもかなり先進的なものだと思う（二〇二一年にはライブラリー・オブ・ザ・イヤーを受賞）。

独立書店同士の連帯を

ここまでは『韓国の「街の本屋」の生存探究』を中心に本の世界の構造問題と、本の世界をひとつの生態系として考えたときのアプローチの仕方について書いてきたが、思うのは日本では後者の生態系としてのアプローチが少ないということである。

どうも、日本では一店一店の施策、あるいはストーリーや構造問題に回収されすぎるきらいがあるように思うのだ。

特に独立書店界隈ではそれが顕著で、その根拠としてあげたいのが日本には韓国における

「全国街の本屋ネットワーク」、アメリカにおける「全米書店組合（ABA）」のようなものがないということだ（「日本書店商業組合」はあるが、独立書店界隈でその名を聞いたことはほとんどない）。

何でもかんでも一緒にやればいいというものではないが、それでも連帯することでできることは確かにあるはずで、出版不況というマクロ的な状況と反比例するように独立書店の数が増えている現状、それでいて本屋の粗利が低いという構造的な問題が徐々に改善されつつも残されている今だからこそ、**日本における独立書店の組合のようなものが必要なのではないか**と思う次第なのだ。

そうすれば、「独立書店が増えているといってもどれくらい増えているのか。具体的な数字がわからない」といった疑問や、ほとんどが買切で在庫リスクを抱えている独立書店のリスクヘッジも（共同の倉庫を持つなどして）できるかもしれないし、そのほかいろいろなことが可能になりそうだと思うのだ。

少しずつ開業のハードルが下がり独立書店の数が増えている今だからこそ、継続のために何ができるのか。そのための選択肢として連帯するための何らかの仕組みが必要なのではないかと、本書を読んで感じたのだった。

本を読む、あるいは読まなくなった理由について

田口幹人『もういちど、本屋へようこそ』（ＰＨＰ研究所、二〇一八）

今回はＢＳＪ（ブックストア・ソリューション・ジャパン）理事のひとり・田口幹人さんが書いている『もういちど、本屋へようこそ』について書こうと思う。

田口さんは岩手県盛岡市を代表するローカルチェーン「さわや書店」フェザン店の統括店長で、いくつものベストセラーを書店の現場から生み出してきた辣腕の書店員。現在は同店を辞め、出版取次会社の楽天ブックスネットワークで働きながら、未来読書研究所の共同代表などを務めている。

この未来読書研究所の活動が面白いのだ。インターネットには情報があまりないが、先述したBSJの会合で田口さんが登壇、活動を紹介されていた。

未来読書研究所は未来の読者を増やすために**「読書の素晴らしさ」を説くのではなく、まず「本を読まなくなった理由」**を徹底的に掘り下げていく。

これについて『もういちど、本屋へようこそ』にも書かれていることなので抜粋すると

〝本を読まないという中高生を対象とした、「なぜ本を読むことが嫌いになったのか」というアンケートの結果をまとめると、共通する3つの体験があるのだそうです〟(p.205より)

それは「音読で恥をかいた」「興味のない本を読まされた」「読書の必要性を教わらなかった」ということのようで、「興味のない本を読まされた」などは以前にSNSで話題となった「スポーツが嫌いになった理由」にも通じるものがあるだろう。義務的に押し付けられてやらされるものを好きになることは難しいのだ。

読書はなぜ良いものなのか

話がずれたが、未来読書研究所ではこれら3つのうちの「読書の必要性を教わらなかった」にアプローチしていく。国語の時間に教わったじゃないか、と思われる方もいるかもしれないが、それは読解の練習であって読書の必要性を教えるものではない。国語においては読書はただ良いものとして扱われていて、なぜそれが良いものなのかについての教育はなかったように思う。

ではどのように教えれば良いのか。田口さんは読書には「娯楽的読書」と「機能的読書」の二つがあると言う。前者は楽しいから読むものであり、後者は役立つから、勉強や仕事のために読む行為を指すのだそうだ。そうして調べてみると、**必要に応じた機能的読書はあまり減っておらず、いま減少しているのは娯楽的読書**なのだと言う。だが、この二つがうまく回らないと子どもたちは本を読むようにはならないのだ。

そんな中でこの二つを回していくために、読書推進カリキュラムを全国各地の学校で行っているそうなのである。

筆者が素晴らしく思ったのは、この「本を読む理由」を分析して答えを出し、誰にでも分かる形で示した上で、普遍的とも言えるその理由を満たすための教育をしていく、というプロセスを経ていることである。あらためて言われると当然のことのようだが、このプロセスをちゃんと踏んでいることは重要だと筆者は考える。前提の共有は物事を進めていく上での最重要事項だと思うからだ。

しかし、読書推進についての活動を見ていると、どうも「本を読むことは良いこと」だという先入観がどうしてもあり、なぜ良いのかについての分析がなかったように思っていたし、実際自分もそこから先に考えを進められていなかったので、田口さんの考えと活動は刺激的だったのである。

さらに、『もういちど、本屋へようこそ』に戻ると、こうした活動を元書店員でありながら

〝僕は「本が売れない時代」と「本が読まれない時代」はイコールではないと思っています〟

(p.233より)

という思いで、続けていることは驚嘆すべきことだと僕は思うのだ。
冷静な現実認識のもとに行われる地道な活動。書いていて大人として当たり前のような気もしてきたが、SNSやメディアを観ているとこの当たり前のことが難しいこともよく分かり、だからこそ田口さんの活動は注目していきたいと思えるのだ。

【参考資料】
BSJ公式サイト：https://bsj.voyage/
源流の人　第20回◇田口幹人（合同会社 未来読書研究所 代表）：https://shosetsu-maru.com/interviews/genryuno-hito/20
新文化　いまいちど、本屋へようこそ　第43回「読書の時間」の現在　https://www.shinbunka.co.jp/rensai/honyaeyokoso/honyaeyokoso43.htm
学校で「なぜ本を読むのか」のサポートが必要、子どもが本嫌いになる3大理由：https://toyokeizai.net/articles/-/662641

棚貸し本屋の現在

竹田信弥『めんどくさい本屋――100年先まで続ける道』（本の種出版、二〇二〇年）

今回は棚貸し本屋の話だ。あるオンラインイベントに出演したときのことである。

「『めんどくさい本屋』いまさら刊行記念対談パート9」～棚貸し本屋のその先へ～ BOOKSHOP TRAVELLER・和氣正幸×双子のライオン堂・竹田信弥

細かい内容は動画サイトにアップされたものを聴いていただくとして、このイベントのテーマは書いてある通り「棚貸し本屋のその先へ」。そういうこともあって、現時点で把握している棚貸し（シェア型）本屋のリストを作った。四〇店（二〇二二年時点）もあったのだが、それを踏まえてこれだけ広がりつつある理由は何なのか。棚貸し本屋の運営はどうなのか。メリットとデメリットは。などなどを話した。

棚貸し本屋が広まっている理由は、開業と継続のリスクが減るからだ。書籍は粗利率が少ない上に廉価な商売であるため家賃や光熱費、人件費など固定費の負担感がどうしても大きくなるため、そこを低減できるビジネスモデルは、本屋を始めたい人にとって嬉しいことだろう。加えて、本屋を始めたい人が増えている背景がある。これは最近知ったことなのだが、中目黒の古本屋COWBOOKSを手掛けたりや雑誌『暮しの手帖』の元編集長でもある松浦弥太郎さんが「COWBOOKSを始める前は本屋はなりたい職業じゃなかった」とポッドキャスト番組『ホントのコイズミさん』で話していた。

そこから、二〇〇〇年代には一箱古本市の隆盛を背景にCOWBOOKSを始めとした個性派書店・独立系書店と呼ばれる本屋が徐々に増え始め、彼ら彼女らに憧れる人々が生まれたのだと考えられる。

しかし、本屋という商売は相変わらず厳しい。そんな中で生まれたのが棚貸し本屋というビジネスモデルだったわけだ。

調べてみると面白いのが、まちづくりの文脈でできた棚貸し本屋が多いこと。西日暮里のブックアパートメントはJRが関わっているし、池上のブックスタジオは東急が関わっている。「街には本屋があったほうが良い」と考える人がまちづくりをする側にも多かったということだろう。

そのほかにもいくつかの傾向があり、新刊書店や古本屋が店の一部を開放するパターン、喫茶店やコワーキングスペースなど業界外の商店が開放するパターンなどがある。

これは本を介したコミュニケーションを多くの人が欲しているということなのかもしれない。

さて、ここまで棚貸し本屋のメリットと広まった理由を書いてきたが、これではフェアでないのでデメリットや懸念点も書いておこう。

デメリットは端的に言えば求められるスキルが多くなることだ。新刊情報に目を光らせ本と本の並びやディスプレイで客の購買を促す書店員としてのスキルと、仲間に気を配り公平感を演出しながら個人個人とも企画を行うこともするコミュニティ運営のスキルはどちらからといと真逆のスキルである。

これを運営一人が持ち合わせるのはなかなかに難しい。正直、筆者でも胸を張って両立できているとは言い難い。固定収入が得られるからと軽い気持ちで導入すると痛い目を見るだろう。そして、コミュニティの失敗は大概の場合、コミュニティを作らなかった場合よりもダメージが大きいだろう。

さらに、書店運営とコミュニティ運営、双方を行うことで運営のリソースは枯渇してしまう。しかし、本屋として利用するお客さんにとっては棚を貸していようがどうかは関係のない話なのが難しいところで、補充を運営がコントロールできない以上、周囲のお客さんに飽きられてしまう可能性は捨てきれないのである。

ここで必要なのは棚貸し本屋というものの良いところと悪いところを丁寧に伝えるパブリック・リレーションズだろう。期待値のコントロールを間違えると、せっかくの、希望が大きい方法論を潰してしまうかもしれない、ということは起こりうる失敗の可能性として頭に入れておくべきだろう。

一方、図書館の世界で言えば、私設図書館ではあるが「まちライブラリー@My Book

Station 茅野駅」もあるし、「みんなの図書館さんかく」もある。公共図書館では金銭を対価にしているわけではないが京都府立久美浜高等学校の「本棚Library」という試みもある。

棚貸し本屋のおもしろさは「棚で自分を表現する」という点でもあり、それはつまり本一冊ではなく全体のつながりの中で本を紹介するという方法で、ブックカルチャー（＝体系だった知を愛する人と、その周辺におきる事象）を維持発展していく活動にもつながるはずである。

個ではなくその背景にある全体を見通すということ。そしてその行為を尊重するということ。かように全体ではなく個人を攻撃し必要以上に自助努力を迫ってしまう現代日本社会において、ブックカルチャーは必要なことだと筆者は思うのだ。


そういう意味でも棚貸し本屋はもっと広まっていって欲しいな、と思うのである。

「本屋をはじめたい」と思ったら

和氣正幸

ここでは「本屋をはじめる」にあたって必要になる、最初の実用情報に関する五冊を紹介する。

辻山良雄『増補版 本屋、はじめました』（ちくま文庫、二〇二〇）

開業したいと思ったらまずは巻末に掲載された事業計画書を熟読

本屋の経営について学ぶなら本書だ。大手書店チェーン店・リブロの名古屋店、広島店の店長、池袋本店のマネージャーを務めた著者の辻山良雄氏がなぜ独立したか、その経緯と共になぜ本を売るだけでなくカフェもするのか、なぜギャラリーも併設するのか、などこれから本屋をはじめようという人にとって知りたい情報が書かれている。何冊も著書がある辻山さんだけあって文章が読みやすいのも

嬉しい。

　何より必見なのは巻末の事業計画書だ。これを見れば本屋を経営するということがどういうことなのか、数字面からイメージできる。もし銀行から融資を受けたい際にも参考にできる本屋を目指す人にとって一級品の資料となっている。

『HAB 本と流通』（H.A.B出版部、二〇一六）

「取次」を知る。そして出版業界の構造全体を学ぶ絶好の入門書

　出版業界のプレイヤーは大まかに分けると（本当は印刷会社や製本会社などもあるが）出版社・取次・書店の三つに分かれる。その中でも調べてもなかなか内実が分かりにくいのが取次だ。簡単に言えば卸問屋なのだが、では実際に何をしているかというとやはり分かりにくい。本書は、そんな取次について迫ったものだ。

　大手取次の倉庫を見学し、独立書店が仕入れのために契約する子どもの文化普及協会やツバ

メ出版流通、八木書店、トランスビューの「中の人」に話を聞く。出版業界の流通構造については上智大学教授で出版流通に詳しい柴野京子氏に話を聞く。出版業界の構造全体について知るのに絶好の入門書である。

澄田喜広『古本屋になろう！』（青弓社、二〇一四）

古書店に関する基礎知識だけでなく開業への実用情報も丁寧に解説

『本屋、はじめました』が新刊書店の教科書だとしたら、こちらは古本屋になるための教科書だ。吉祥寺「よみた屋」を経営する澄田喜広氏が古本屋の歴史から、具体的な開店準備や仕入れ方法、値付けのコツなどを教えてくれる。特に経営については、よみた屋での実際の店頭売上の平均単価や理想的な収入を目指すためにどれだけの冊数を売る必要があるかなど具体的な数字を出してくれるので「自分がやるなら」とイメージしやすいのが嬉しい。

仕入れについて詳しく説明してくれているのも特徴。古本屋をするときに実は一番難しいのが仕入れで、買取の値段や販売価格、市場についてなど参考になることばかり。古本屋になりたいなら必読の一冊だ。

内沼晋太郎『これからの本屋読本』（NHK出版、二〇一八）

様々な観点から「はじめる」だけでなく「続ける」ための方法を知る

ブックコーディネーターで本屋B&Bも経営する内沼晋太郎氏が書いた本で現在の本屋の世界を俯瞰できる本となっている。本書中程にある「本の仕入れ方大全」は、本書出版までは実質ブラックボックスだった新刊の仕入れ方について丁寧に教えてくれるもので必読。粗利が二二%と難しい状況のなかで本屋を開き、続けるために、どういった方法がありうるのかを様々な観点から伝えてくれる。例えば、空間を狭くしたり営業時間を短くしたり自宅を兼ねたり。加えて掛け算の重要性を説く。飲食業や雑貨、イベントにギャラリーなど、本屋ほど異業種と組み合わせやすい業態もないのだ。「いま、あたらしく、本に関わる何かをはじめたい人」全般に読んで欲しい一冊である。

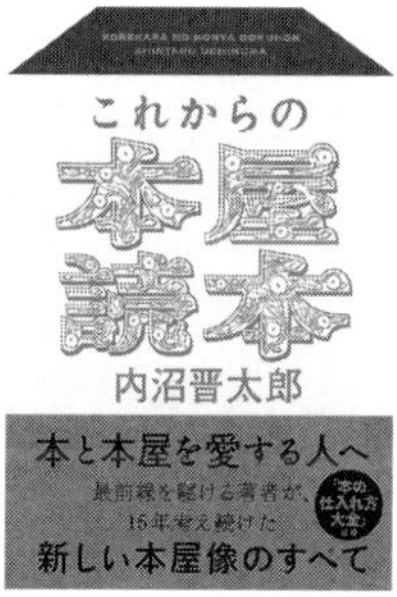

『美しい本屋さんの間取り』（エクスナレッジ、二〇二二）

本棚の種類やレジの配置など本屋を構成する空間作りを学べる一冊

いざ店を作ろうと思うと重要なのは金銭面や仕入れだけでないことが分かる。空間である。本棚をつくるかどうか。つくるとしてどんな本棚にするか。配置はどうするのか。床の色はどうする？　レジはどうすればいい？　ほとんどの人は店の内装を実際的に考えたことはないだろう。そんな方にこそ勧めたい一冊が本書だ。

本書は雑誌『建築知識』など建築に強い出版社が出した本屋の本だけあって、実際に本屋をめぐって、棚と棚の間の距離や通路幅などの店舗空間について、さらには本棚の棚と棚の間の高さなど什器についても事細かに計測しイラストに落とし込んでいる。自分にとって理想の店舗を作るうえでこの上ない参考書になるだろう。

コーダの世界
哲学の書

るきさん
高野文子

長い読書
つながる読書
小池陽慈 編

初出

P18「狭さにこそ意味がある」
TRC-DL 月刊メルマガ第86号

P164「街の本屋の生存探究あるいは本の生態系について」
TRC-DL 月刊メルマガ第73号

P170「本を読む、あるいは読まなくなった理由について」
TRC-DL 月刊メルマガ第82号

P175「棚貸し本屋の現在」
TRC-DL 月刊メルマガ第63号
これらを加筆修正

その他は書き下ろし

監修：和氣正幸（わき・まさゆき）

一九八五年生まれ。本屋ライター。本屋のアンテナショップBOOKSHOP TRAVELLER（祖師ヶ谷大蔵）の店主でもある。二〇一〇年よりサラリーマンを続ける傍らインデペンデントな本屋をレポートするブログ「本と私の世界」（現「BOOKSHOP LOVER」）を開設し活動を開始、二〇一五年に独立した。『本の雑誌』での連載「本屋の旅人」（二〇二一年一二月〜）など各種媒体への寄稿、ブックイベントのアドバイザーほか、本屋と本に関する活動を多岐にわたり行う。NHK Eテレ『趣味どきっ！（火曜）こんな一冊に出会いたい 本の道しるべ』（二〇二〇年一〇月〜）に本屋案内人として全八回を通して出演（二〇二一年五月再放送）。著書に『東京 わざわざ行きたい街の本屋さん』（G.B.）、『日本の小さな本屋さん』、『続 日本の小さな本屋さん』（共にエクスナレッジ）がある。

さあ、本屋をはじめよう

町の書店の新しい可能性

2024年6月7日　初版印刷
2024年6月28日　初版発行

監　修　和氣正幸

編　集　前田和彦（ele-king books）

発行者　水谷聡男
発行所　株式会社Pヴァイン
〒150-0031　東京都渋谷区桜丘町21-2 池田ビル2F
編集部：TEL 03-5784-1256
営業部（レコード店）：TEL 03-5784-1250　FAX 03-5784-1251
http://p-vine.jp

発売元　日販アイ・ピー・エス株式会社
〒113-0034　東京都文京区湯島1-3-4
TEL 03-5802-1859　FAX 03-5802-1891

印刷・製本　シナノ印刷株式会社

ISBN978-4-910511-75-7